초등 영어를 결정하는 사이트워드

초등 영어를 결정하는 사이트워드

저자 김경하
초판 1쇄 발행 2020년 5월 25일 **초판 2쇄 발행** 2022년 10월 17일

발행인 박효상 **편집장** 김현 **기획 · 편집** 장경희, 김효정
디자인 임정현 **마케팅** 이태호, 이전희 **관리** 김태옥
종이 월드페이퍼 **인쇄 · 제본** 예림인쇄 · 바인딩

출판등록 제10-1835호 **발행처** 사람in
주소 04034 서울시 마포구 양화로 11길 14-10 (서교동) 3F
전화 02) 338-3555(代) **팩스** 02) 338-3545 **E-mail** saramin@netsgo.com
Website www.saramin.com
책값은 뒤표지에 있습니다. 파본은 바꾸어 드립니다.

ISBN
978-89-6049-843-3 64740
978-89-6049-808-2 (set)

우아한 지적만보, 기민한 실사구시 사람in

어린이제품안전특별법에 의한 제품표시

제조자명 사람in	**전화번호** 02-338-3555
제조국명 대한민국	**주 소** 서울시 마포구 양화로 11길 14-10 3층
사용연령 5세 이상 어린이 제품	

초등 영어를 결정하는 사이트워드

사람in
saramin.com

교재 100% 활용하는 5가지 비법

1. 엄마책의 앞부분에 정리된 사이트워드 학습의 필요성 꼭 읽어 주세요.

새로운 전자제품을 사용할 때 사용 설명서를 보지 않고 직관적으로 사용법을 익힐 수도 있습니다. 하지만 시간이 조금 걸리더라도 설명서를 보고 나면 불필요한 시행착오도 줄일 수 있고, 탑재된 기능을 속속들이 알아내어 사용할 수 있습니다.

사이트워드의 개념과 학습 원리를 아는 것은 학습 가이드의 거의 전부라 할 만큼 중요합니다. 그 속에서 성공적인 학습 계획 방향이 나오고, 아이들에게 어떤 점을 강조해서 가르쳐야 할지도 알 수 있기 때문입니다.

2. 매일 정해진 시간에 꾸준히 할 수 있도록 해주세요.

이 교재는 기획 단계에서부터 학생들이 매일 꾸준히 학습할 수 있는 학습 모듈을 바탕으로 집필되었습니다. 매일 부담 없이 할 수 있는 분량을 제시하고, 새로운 단어를 인지하는 흐름에 맞게 과학적으로 문제를 배치하는 한편, 페이지 구성 역시 시각적으로 쉽게 보이도록 만들었습니다.

Unit1~36의 학습목표

(1) 목표 단어를 보고 그 단어를 따라 씀으로써 철자를 인식하는 것이 시작입니다. (2) 그 다음, 알파벳 상자 속에서 목표 철자를 분리하며 단어를 인식하는 과정을 또 한번 거치게 하였고, (3) 이렇게 눈으로 인식한 단어를 손으로 직접 쓰면서 습득하도록 하였습니다. (4) 빈칸 채우기를 통해 목표 단어가 문장 속에서 어떻게 쓰이는지 볼 수 있도록 하는 한편, 그 예문 자체를 학생들이 이후 단계의 작문 학습에 꼭 필요한 문장들로 구성하였습니다. (5) 다음으로, 목표 단어마다 한 개의 문장을 읽으며 완전히 자신의 것으로 만드는 단계가 있습니다. 이때 '따라 읽기'를 독려할 수 있는 체크 상자를 넣고, 단어와 문장의 의미를 시각화하여 기억할 수 있도록 삽화를 함께 배치하였습니다. (6) 맨 마지막 순서인 문장 따라 쓰기는 단순히 문장을 따라 쓰는 과정이 아니라, 입으로 익힌 문장을 보지 않고 쓰는 것에 궁극적인 목적이 있습니다. 이렇게 작은 그림을 보고 문장을 만들어보는 것은, 이후 그림 묘사를 통해 작문을 훈련하기 위한 첫 걸음 역할도 합니다.

학습구성

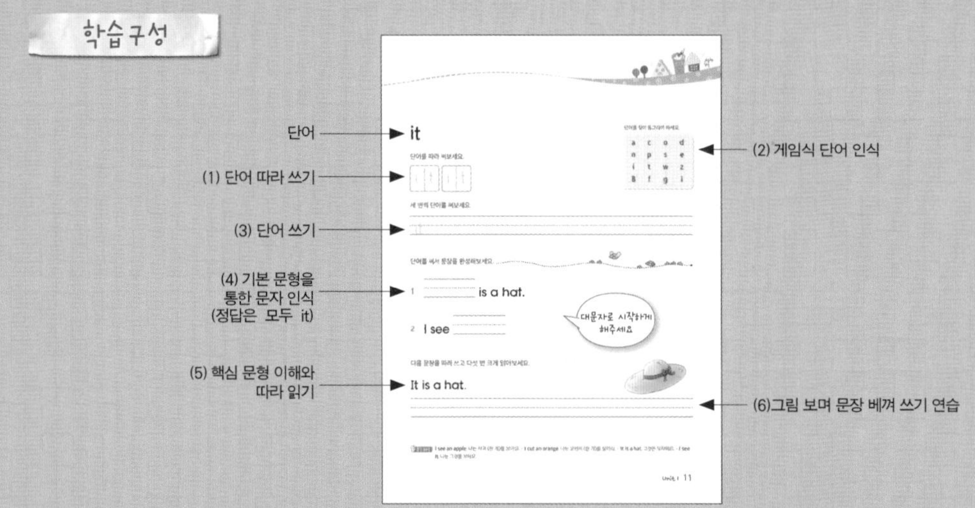

Unit 37~54의 학습목표

Unit 1~36보다 폭넓은 단어를 다룹니다. 앞에서 학습한 단어들을 사용하여 좀더 풍부한 문장들을 만나면서 다음 단계인 작문의 기초까지 다지게 됩니다.

(1) 먼저, 목표 단어를 보고, 따라 쓰는 연습을 합니다. (2) 다음으로는, 오른쪽 상단의 간단한 게임을 통해 철자를 구분해내는 활동을 하게 되는데, 이때 문자 인식의 단계를 다시 한번 거치며 혼동하기 쉬운 부분들을 다시 한번 짚어보는 기회를 가집니다. (3) 문자 인식 과정을 마친 단어는 여러 번 따라 쓰는 활동을 통해 익숙해집니다.

(4) 문장을 통해 목표 단어를 학습하는 단계는 Unit 1~36에 비해 한 가지 의미를 더 추가하게 됩니다. 앞에서는 목표 단어가 들어가는 다양한 기본 문형을 접하는 데 주력했다면, Unit 37~54에서는 두 문장의 문형을 통일하여 문장구조를 스스로 느껴볼 수 있도록 했습니다. 예를 들어, 문장의 주어를 달리한 같은 문형의 문장들을 나란히 배치함으로써, 아이 스스로 문장의 주체, 즉 주어의 존재를 느끼게 되는 것입니다. 이렇게 각각의 단어들이 문장 속에서 역할을 가지고 있다는 것을 인지하게 되면 이후 문법 학습을 하는 데도 큰 도움이 되고, 나아가 작문을 할 때 자유롭게 문장을 변형해보는 능력도 자연스럽게 생겨나게 됩니다. 단어를 넣어 문장을 완성하는 데 그치지 않고 이를 충분히 읽어 자기 것으로 만들 수 있도록 소리 내어 읽기 체크상자를 배치하였습니다.

(5) 다음에 이어지는 활동은 앞서 배운 기본 문장을 스스로 재구성해보는 훈련입니다. 1권에서는 문장을 베껴 쓰며 익숙해지는 활동을 했다면, Unit 37~54에서는 여기에서 한 단계 더 나아가 문장을 구성해보는 것입니다. 첫 단어는 대문자로 주어지고, 끝 단어는 마침표와 함께 주어지기 때문에 스스로 자리를 잡아보며 작문의 첫 단계, 즉 full sentence(완전한 문장) 쓰기 연습을 하게 되는 셈입니다. 뿐만 아니라 초반의 간단한 문장들을 제외하고는 관사와 명사는 한 덩어리로, 전치사구나 절은 각각 한 덩어리로 묶어 제시되기 때문에 재구성 활동을 하는 동안 문장 구성 요소들의 성질에 대해서도 기본적인 이해를 하게 되는 효과가 있습니다.

학습구성

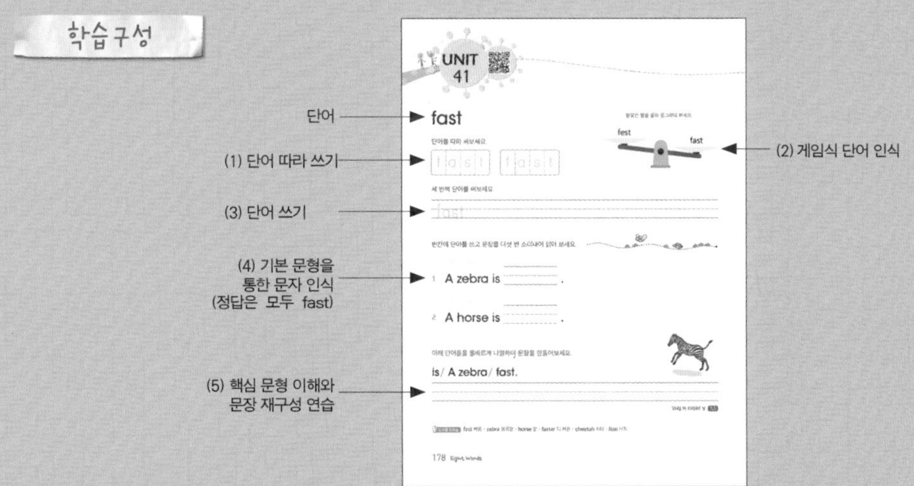

3. 순서대로 할 수 있도록 해주세요.

기존의 단어 학습 교재와는 달리 이 교재는 앞에 나온 단어가 뒤쪽에서 반복되도록 철저히 구성되었습니다. 학부모님들도 아시다시피 단어 학습은 꾸준히 반복하지 않으면 안 되기 때문입니다. 더욱이 사이트워드의 경우는 파닉스 규칙이 적용되는 단어들과는 달리 눈으로 끊임없이 익히는 것이 가장 효과적이기 때문에 이러한 계획적인 단어 배치는 매우 중요합니다(반복되지 않고 등장하는 단어들은 대부분 파닉스 규칙을 따르는 단어들로 아이들이 쉽게 읽을 수 있는 것들입니다).

특히 두개의 Unit이 끝날 때마다 등장하는 미니북은 각 Unit의 목표 단어 8개를 이용하여 만든 스토리북 개념입니다. 이는 단순히 단어를 반복 학습한다는 의미 외에도, 자신이 학습한 단어를 하나의 이야기 속에서 만나는 반가움이 성취감과 학습의 즐거움으로 이어지게 하기 위한 것입니다. 뿐만 아니라 그림을 보고 다시 그 문장을 기억하거나 베껴 쓰는 과정을 통해 그림을 보고 글로 묘사하는 작문의 가장 기초적인 단계를 경험하게 됩니다. 이러한 단계를 통해 자신의 것이 된 문장들은 이후 그림 묘사하기 단계나 자신의 이야기를 써가는 저널 단계에서 아이의 목소리를 담은 글로 나타나게 됩니다.

4. 스스로 할 수 있도록 해주시고, 적절한 보상 시스템을 만들어주세요.

이 교재의 기획 단계에서 또 한 가지 중점을 둔 것은 아이들 스스로 학습할 수 있도록 하는 것이었습니다. 굳이 자기주도 학습이라는 말을 강조하지 않더라도, 부모가 앞서서 끌고 가는 학습은 한계가 있기 때문입니다. 부모님이 매일 답을 알려주어야 한다거나 매일 도와주지 않더라도, 아이 스스로 책을 펴고 계획표를 체크하며 정해진 양을 해나갈 수 있어야 학습은 지속력을 가집니다.

정답을 요하는 문제풀이 방식의 일부 교재는 아이들을 계속 테스트하게 되고, 그 과정에서 정답과 오답이 생기면서 아이들은 영어 자체를 정답이 있는 시험처럼 여기게 됩니다. 이 교재는 인지 단계를 고려한 구성과 반복을 이용한 과학적인 문제 배치로 빈칸을 채우는 방식까지도 아이들이 무엇을 써 넣어야 할지 고민할 필요 없이 명확히 알 수 있도록 구성하였습니다. 계획표가 있기 때문에 처음 일주일 정도만 정해진 시간에 시작하고 어느 정도의 분량을 해야 하는지 알려주면 그 다음은 아이들 스스로 해나갈 수 있습니다. 별것 아닌 것 같지만, 이렇게 학습이 일상화되는 것은 성공적인 영어 학습의 첫걸음입니다. 이를 더욱 효과적으로 진행하기 위해서는 아이가 좋아하는 적절한 보상 시스템이 있으면 좋습니다. 스티커나 스탬프, 또는 구슬 등 학습이 되었다는 것을 시각적으로 보여줄 수 있는 것을 이용하여, 꾸준히 해나가고 있다는 성취감을 줄 수 있습니다.

사이트워드 학습의 필요성

1. 사이트워드란?

파닉스 학습이 끝나갈 쯤이면 아이들은 낯선 단어들도 읽어보려고 '바…', '크…', '스…' 하면서 스스로 소리를 만들어봅니다. 영어책을 보며 아는 단어, 읽을 수 있는 단어를 찾아 더듬더듬 읽기도 하며 한창 재미를 붙입니다. 이때 아이들의 발목을 잡는 것이 바로 사이트워드입니다. 사이트워드는 한마디로 파닉스 규칙을 따르지 않는 단어들인데, 예를 들어 me라는 단어를 보겠습니다. 규칙에 따르면 '므' 소리와 '에' 소리가 합쳐져 '메'라고 읽어야 맞겠지만 이 단어는 '미'라고 읽힙니다. he 역시 규칙을 따르자면 '헤'라고 해야 맞지만 실제 소리는 '히'지요. she, here, go, the, a …영어 책만 펼치면 우르르 쏟아지는 이런 단어들이 모두 파닉스 규칙을 따르지 않는 사이트워드입니다. 그러니 파닉스 공부를 열심히 했다고 바로 책 읽기를 시작한다면 아이들은 당황할 수밖에 없습니다.

사이트워드	파닉스 규칙대로 읽었을 때 나는 소리	실제 단어의 음가
a	/애/	/어/
the	/데/	/더/
go	/가/ 또는 /거/	/고우/
love	/라베/또는/로우브/	/러브/

이렇게 파닉스 규칙을 따르지 않는 단어들 중에서도 특히 자주 만나게 되는 단어들과, 파닉스 규칙을 따르긴 하지만 규칙을 대입해 읽기보다는 한눈에 바로바로 들어와야 책을 읽는 데 지장이 없는 빈출 단어들을 합쳐 흔히 '사이트워드'라고 통칭합니다. 예를 들어 take의 경우, 기초 파닉스 규칙으로는 '타케'나 '태케'라고 읽어야 맞지만, 단어 끝에 오는 e 때문에(고급 파닉스에서 '마법의 e(*magic e*)'라고 불립니다.) 앞에 오는 모음 a가 자기 알파벳 소리, 즉 '에이' 소리가 나게 됩니다. 이렇듯 파닉스 규칙에 어긋나는 단어는 아니지만 너무나 자주 등장하는 단어인 탓에 눈으로 익혀놓을 필요가 있는 단어들까지 사이트워드 범주에 넣는답니다. 더불어, friend(친구)나 favorite(좋아하는) 등 아이들이 읽는 책이나 글에 자주 등장하지만 철자가 어려운 단어들도 사이트워드에 포함됩니다.

2. 왜 학습 순서가 중요한가?

조기 영어 교육이 대세가 되면서 그에 따른 학습 방법도 정말 다양해졌습니다. 하지만 그 다양함에 비해 학습의 순서는 아직 제자리를 찾지 못한 느낌입니다. 보통의 경우, 비디오나 노래 등을 통해 영어에 노출되는 시기를 거친 후 책 읽기를 준비합니다. 이때 등장하는 것이 파닉스입니다. '가나다라'를 알아야 책을 읽을 수 있는 것이니 여기까지는 아주 자연스럽고도 이상적인 방법입니다. 하지만 앞서 설명한 것처럼 영어에는 소리의 규칙을 따르지 않는 단어들이 정말 많습니다. 더구나 빈출 단어들일수록 이상하게도 더 예외가 많습니다. 때문에 파닉스 단계를 마치고 바로 책 읽기로 넘어갈 경우, 아이들은 좌절할 수밖에 없습니다.

다음은 동화책의 한 페이지입니다. 아이들이 파닉스 학습을 어느 정도 마치면 만나게 되는 책들 중 하나입니다. 한번 살펴볼까요?

"옛날 옛날에 곰 세 마리 가족이 산책을 가기로 했습니다. 곰들은 작은 집의 문을 닫고는 산책을 떠났습니다."

이 세 줄짜리 동화 한 페이지에는 얼마나 많은 사이트워드가 들어 있을까요?

다음 밑줄 친 단어는 모두 사이트워드입니다.

어떠세요? 이 중에 파닉스 규칙으로 읽을 수 있는 단어는 다섯 개도 채 되지 않습니다. 그것도 time을 파닉스 단어로 넣었을 때 말이죠. 하지만 time의 경우, 마법의 e가 등장해서 한번 생각하는 단계를 거쳐야 읽을 수 있는 단어이니 사이트워드 범주에도 들어가는 단어입니다.

출처 Folk and Fairy Tale Readers: Goldilocks and the Three Bears (Scholastic)

쉬운 어린이 그림책 속에는 이렇게 사이트워드가 대부분을 차지하고 있습니다. 그런데 이를 모르고 파닉스를 배웠으니 영어 책을 읽으라고 한다면 아이들은 어떤 상황을 겪게 될까요? "열심히 공부했지만 나는 아주 쉬운 영어 책도 읽지 못하는 아이." 바로 그런 느낌을 가지게 됩니다. 학습의 시작 단계에서 이런 경험을 하는 것은 아이에게 부정적인 영향을 끼칩니다. 이 단계에서 영어에 흥미를 잃고 영어를 싫어하게 되는 아이들이 많은 것만 보아도 알 수 있습니다.

이렇게 골이 깊어지면 다시 즐거운 마음으로 영어를 시작하는 것이 결코 쉽지 않습니다. 바로 이때가 아이들이 영어에 손을 놓게 되는 첫 번째 시기입니다. 영어 노출과 파닉스에서 성공적으로 책 읽기 단계로 넘어가려면 반드시 사이트워드 단계를 거쳐야 합니다. 한글의 경우도 통문자학습을 병행해 읽기의 속도를 높일 수 있는 것처럼, 사이트워드는 책 읽기에 엔진을 달아주는 것과 같은 역할을 합니다.

3. 왜 문장과 함께 배워야 하는가?

사이트워드는 눈에 많이 익혀 막힘 없이 술술 읽을 수 있어야 하는 만큼, 단어의 철자를 익히는 단어카드나 워크북이 부교재로 많이 사용됩니다. 영어를 모국어로 배우는 아이들의 경우, 이미 그 단어가 쓰이는 문장이나 어구를 충분히 말로 접하고 있기 때문에 단어만 따로 학습하는 것이 오히려 효과적일 수도 있을 것입니다. 하지만 우리나라처럼 영어를 외국어로 접하는 환경, 즉 EFL(English as a Foreign Language) 상황에서는 사이트워드 자체만을 달달 외워 익히는 이러한 학습법은 자칫 독이 될 수도 있습니다.

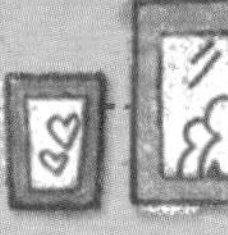

그 이유는 첫째, 사이트워드를 문장 속에서 접하지 않으면 단어의 정확한 의미를 알 수가 없기 때문입니다. 예를 들어 I am sick(나는 아파요). 나 I am tall(나는 키가 커요).과 같은 문장을 통해 am이라는 단어를 접하게 되면, 정확하게 해석은 하지 못하더라도 '나는 ~예요'라는 의미를 알 수 있게 됩니다. 이러한 문장들을 반복적으로 접하다 보면 우리말로 그 뜻을 말할 수는 없더라도 실제 사용되는 뜻은 정확히 알게 됩니다. 추상적인 개념의 단어들을 미처 우리말로도 익히지 못한 유치~초등 저학년의 어린이들에게 암기 방식의 학습은 한계에 부딪히는 경우가 많습니다. 더욱이 사이트워드 단어들은 비교적 뜻을 일대일로 외우기 쉬운 명사보다는 대명사(he, she, it), 동사(is, are, am, was, were), 전치사(in, with, for) 등이 많기 때문에 특히 그렇습니다. 이럴 땐 복잡한 설명보다는 기본 문장들 속에서 사용되는 단어들을 직접 접하게 해주는 것이 훨씬 효과적입니다.

두 번째 이유는 앞서 이야기한 우리의 영어 환경과 직접적인 관계가 있습니다. 일부러 비디오를 보며 영어를 들을 때와 영어 노래를 들을 때를 제외하고는 우리 아이들이 실생활에서 문장으로 쓰이는 영어를 접할 기회가 거의 없습니다. 새로운 단어를 계속 배운다고 해도 단어는 머릿속 아무 곳에나 쌓여 있게 됩니다. 하지만 예를 들어 I like apples(나는 사과가 좋아요). /I like oranges(나는 오렌지가 좋아요). /I like pizza(나는 피자가 좋아요).라는 문장들을 통해 like라는 단어를 접한 아이들은, 이후에 배우는 다른 사물의 이름들을 자연스럽게 like와 함께 떠올릴 수 있게 됩니다. 다시 말해 이 문형에 익숙한 아이들은 ice cream을 배우면 I like ice cream.이라고 말할 수 있게 되고, hamburger를 배우면 I like hamburger.라고 말 할 수 있게 되는 것이죠.

이렇게 문형과 함께 저장이 된 단어들은 이후 말하기나 글쓰기를 할 때 제 역할을 톡톡히 하게 됩니다. 하지만 개별 단어만을 익힌 아이들의 경우, 당장은 많은 단어를 아는 것처럼 보여 잘하는 것 같지만 학습한 단어들을 나중에 사용해야 할 시기가 오면 낭패를 보게 됩니다. 우리 속담에 "구슬이 서 말이라도 꿰어야 보배다"라는 표현이 절실히 생각나는 대목입니다. 때문에 사이트워드 학습은 단어 인식을 시작으로, 문장 속에서 쓰이는 것을 보는 것, 이에 이어 여러 가지 놀이를 통해 끊임없이 반복해주는 것이 병행될 때 최고의 학습법이라고 할 수 있습니다.

4. 왜 문장만이 아니라 책을 읽어가며 배워야 하는가?

사이트워드는 단순히 개별 단어만을 익히기보다는 문장 속에서 익혀야 하는데, 이보다 더 효율적인 방법은 개별 문장이 아닌 상황이 있는 문맥 속, 즉 스토리가 있는 책을 통해서 익히는 것입니다. 그 이유는 우선, 앞뒤가 있는 글의 흐름 속에서 단어의 뜻이나 그 활용을 더 분명하게 알 수 있기 때문입니다. 예를 들어 it이라는 대명사를 설명할 때 그저 따로 떨어진 문장 하나로 It is red(그것은 빨간색입니다).라고 한다면 it 이 무엇을 의미하는지 모를 수도 있지만 사과나무에 매달린 빨간 사과 그림을 보며 I see an apple(나는 사과를 봅니다). It is red(그것은 빨간색입니다). 라고 한다면 it이 사과를 의미한다는 것을 대번에 알 수 있게 됩니다. 사과 대신에 it을 쓸 수 있다는 것을 자기도 모르게 파악하게 되는 것이죠.

둘째, 책을 읽는다는 의미 있는 활동 속에서 자신이 학습한 단어를 만남으로써 학습 자체에 대한 동기를 가질 수 있다는 점입니다. 중고등학교나 취업 준비과정에서 수많은 단어들을 달달 외워본 부모님 세대들은 어디에 쓰일지도 모르는 단어들을 반복적으로 외운다는 것이 얼마나 고단하고 재미없는 일인지 아실 겁니다. 하지만 이 책의 구성처럼 8개의 단어를 공부하고, 그 8개의 단어를 모두 만날 수 있는 짧은 이야기를 바로 읽는다면 어떨까요? 아는 단어들이 나오니 자신 있게 읽을 수 있게 되는 것은 물론, 이후 단어 공부를 할 때도 어디엔가 쓰임이 있다는 마음으로 더 열심히 할 수 있게 될 것입니다.

셋째, 한 단어를 집중적으로 외울 때와 실전에서 그 단어를 만날 때는 심리적으로 다른 상황이 됩니다. 머리 속에 입력된 많은 단어들 중에서 맞는 것을 찾아내는 과정이 필요한 것이죠. 때문에 단어만 외우는 것이 준비 과정이라면, 책을 통해 아는 단어를 읽어내는 것은 실전에 해당합니다. 실전 경험이 많은 장수가 승리를 하듯, 우리 아이들도 연습과 실전을 오가며 충분히 연습을 해야 실력이 쌓입니다. 초등 저학년에 만나는 사이트워드는 200단어 정도로, 스토리 형식으로 된 사이트워드 책들에서 쉽게 만날 수 있습니다. 본 교재의 구성처럼, 워크북 형식의 단어 북과 함께 스토리 북도 함께 읽어갈 수 있도록 해주세요.

5. 왜 사이트워드 학습이 읽기의 성공을 좌우하는가?

아이들이 사이트워드에 부담을 가지지 않고 읽게 되면 읽을 수 있는 책의 범위가 늘어나게 됩니다. 파닉스 학습 위주의 책에서 본격적인 스토리를 담은 이야기로 옮겨갈 수 있게 되는 것이죠. 여기에는 두 가지 의미가 있습니다.

첫째, 그간 배운 책 읽기 기술(파닉스)을 스스로 적용해보기도 하고, 그간 열심히 눈에 익힌 사이트워드를 통해 자신감을

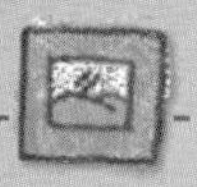

얻을 기회가 생깁니다. 이는 외국어 학습에서 가장 중요한 학습의 동기, 즉 학습 자체의 즐거움을 경험할 수 있는 기회를 가지는 셈입니다. 아이들은 유아기에 엄마의 칭찬, 화려한 교구에 대한 호기심, 또는 다양한 시청각 자극을 동기로 영어 학습을 이어갑니다. 하지만 이러한 외적인 동기는 어디까지나 한계가 있지요. 이러한 외적인 동기들이 아이 스스로 느끼는 내적인 동기로 옮아갈 때 외국어 학습은 성공을 거둡니다. 시험 범위 안에서 열심히 공부했는데, 범위가 아닌 곳에서 문제가 나와 시험을 망쳤다면 과연 공부가 즐거울까요? 사이트워드 단계를 거치지 않고 파닉스에서 책 읽기로 바로 넘어가는 학습은 시험 범위가 아닌 곳에서 문제를 내는 것이나 마찬가지인 일입니다. 이러한 일이 몇 번만 반복되면 바로 학습의 동기를 잃게 됩니다. 파닉스는 열심히 했는데, 아이가 갑자기 책 읽기에 흥미를 보이지 않거나 영어 자체를 싫어하게 되었다면 바로 이 때문인 경우가 많습니다.

둘째, 본격적으로 스토리 위주로 책을 읽기 시작하면 아이들은 이제 영어라는 '도구'가 아닌 그 도구가 전해주는 '내용'에 관심을 가지기 시작합니다. 한마디로 책의 내용이 눈에 들어오게 되는 것입니다. 일단 책이 재미있고 다음 내용이 궁금해지면 아이들은 모르는 단어가 몇 개쯤 나오거나, 어느 한 부분이 이해되지 않더라도 책을 읽어가게 됩니다. 그러한 활동 속에서 영어 실력도 자라게 되죠. 이 단계로 자연스럽게 들어서지 못하면 언제까지나 영어는 그저 지루하게 외워야 하는 '과목'이 될 뿐입니다. 따라서 초등학생이라면 파닉스와 사이트워드를 집중적으로 학습하여 빨리 내용 단계로 들어서는 것이 좋습니다. 아이들의 머리는 이미 자랐는데 기초 단계의 단어와 문장만으로 시간을 오래 끌게 되면 자연스럽게 영어에 대한 흥미가 떨어지게 됩니다. 이러한 현상은 3학년 이후에 특히 두드러지는데, 이 시기 아이들의 사고력이 급격히 성장하고 읽게 되는 한글 책의 수준이 높아지기 때문입니다. 영어에서 다루는 내용은 아이들에게 너무 유치한 부분이 되면서 영어의 내용 자체에 몰입하기 힘들어지는 것입니다.

이렇게 사이트워드 학습이 가지는 의미는 매우 크기 때문에 주니어 영어 학습의 성패를 가름한다고 해도 과언이 아닙니다. 특히 우리나라와 같은 EFL 상황에서는 한 가지 더 중요한 의미가 있습니다. 바로 이 단계를 제대로 넘어가야 이후 제대로 된 말하기와 쓰기 단계로 이어갈 수 있다는 것입니다. 때문에 사이트워드 학습 단계에서 만나는 모든 예문은 나중에 작문을 하면서 쓰게 될 계획된 문형을 가지고 있어야 합니다. 단어 따로, 문장 따로, 작문 따로 하는 식의 모두 동떨어진 학습이 아닌 모든 단계가 유기적으로 연결된 학습 속에서 자신도 모르게 새 미래를 준비하게 되는 것입니다.

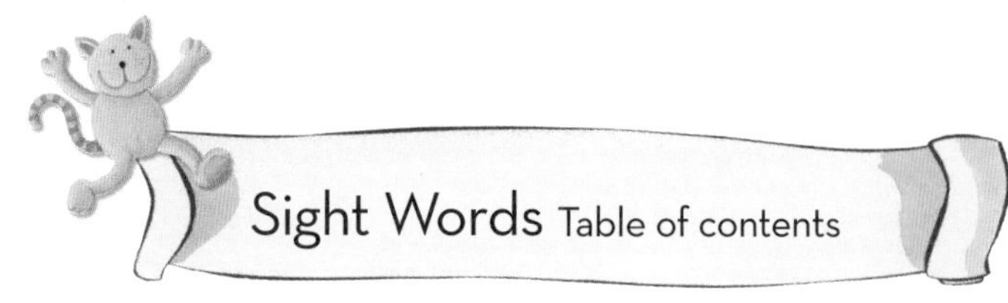
Sight Words Table of contents

Sight Words

Sight words are words that we need to read by sight.
You will study two words a Unit and learn 144 sight words.

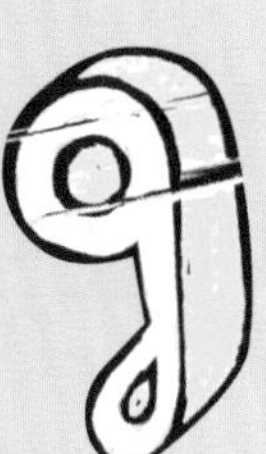

I

단어를 찾아 동그라미 하세요.

a	c	I	d
n	P	S	E
i	a	w	z
b	f	g	i

단어를 따라 써보세요.

I I

세 번씩 단어를 써보세요.

I

단어를 써서 문장을 완성해보세요.

1 ________ run.

2 ________ sit.

다음 문장을 따라 쓰고 다섯 번 크게 읽어보세요. ✓□□□□

I run.

단어를 익혀요 I 나 • **run** 달리다 • **sit** 앉다 • **see** 보다 • **a** 부정관사(단수 명사 앞에 오는 말) • **cat** 고양이 • **pig** 돼지

see

단어를 따라 써보세요.

s e e　s e e

단어를 찾아 동그라미 하세요.

b	c	i	d
n	p	s	e
i	a	e	z
B	f	e	i

세 번씩 단어를 써보세요.

see

단어를 써서 문장을 완성해보세요.

1 I ________ a cat.

2 I ________ a pig.

다음 문장을 따라 쓰고 다섯 번 크게 읽어보세요. ✓

I see a cat.

문장 해석 I run. 나는 달려요 • I sit. 나는 앉아요 • I see a cat. 나는 고양이 (한 마리)를 보아요. • I see a pig. 나는 돼지 (한 마리)를 보아요.

an

단어를 찾아 동그라미 하세요.

a	n	i	o
n	y	s	e
i	a	w	z
t	f	g	i

단어를 따라 써보세요.

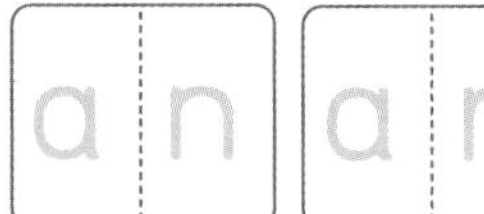

세 번씩 단어를 써보세요.

an

단어를 써서 문장을 완성해보세요.

1 I see ________ apple.

2 I cut ________ orange.

다음 문장을 따라 쓰고 다섯 번 크게 읽어보세요.

I see an apple.

단어를 익혀요 an 부정관사(단수 명사 앞에 오는 말) • apple 사과 • cut 자르다 • orange 오렌지 • it 그것 • is ~이다 • hat 모자

it

단어를 따라 써보세요.

i t i t

단어를 찾아 동그라미 하세요.

a	c	o	d
n	p	s	e
i	t	w	z
B	f	g	i

세 번씩 단어를 써보세요.

it

단어를 써서 문장을 완성해보세요.

1 ______ is a hat.

2 I see ______

다음 문장을 따라 쓰고 다섯 번 크게 읽어보세요.

It is a hat.

문장 해석 I see an apple. 나는 사과 (한 개)를 보아요. • I cut an orange. 나는 오렌지 (한 개)를 잘라요. • It is a hat. 그것은 모자예요. • I see it. 나는 그것을 보아요.

is

단어를 따라 써보세요.

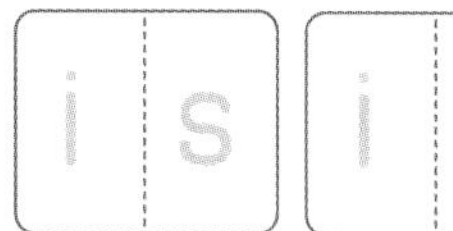

단어를 찾아 동그라미 하세요.

a	c	i	d
n	p	s	e
i	a	w	z
B	f	g	i

세 번씩 단어를 써보세요.

is

단어를 써서 문장을 완성해보세요.

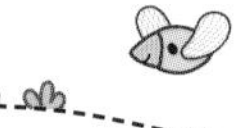

1 Tom ________ tall.

2 Mom ________ at home.

다음 문장을 따라 쓰고 다섯 번 크게 읽어보세요. □□□□□

Tom is tall.

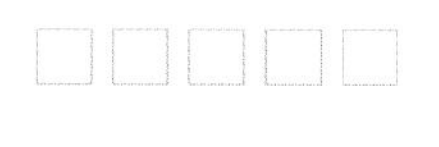

단어를 익혀요 is ~이다 • Tom 톰(남자 이름) • tall 키가 큰 • mom 엄마 • at ~에 • home 집 • red 빨간 • like 좋아하다

red

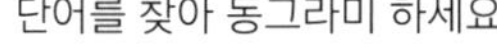
단어를 찾아 동그라미 하세요.

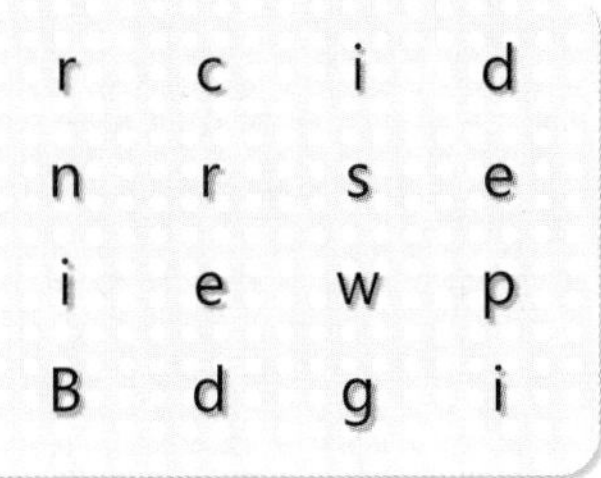

r	c	i	d
n	r	s	e
i	e	w	p
B	d	g	i

단어를 따라 써보세요.

r e d　r e d

세 번씩 단어를 써보세요.

red

단어를 써서 문장을 완성해보세요.

1 It is ________.

2 I like ________.

다음 문장을 따라 쓰고 다섯 번 크게 읽어보세요. □□□□□

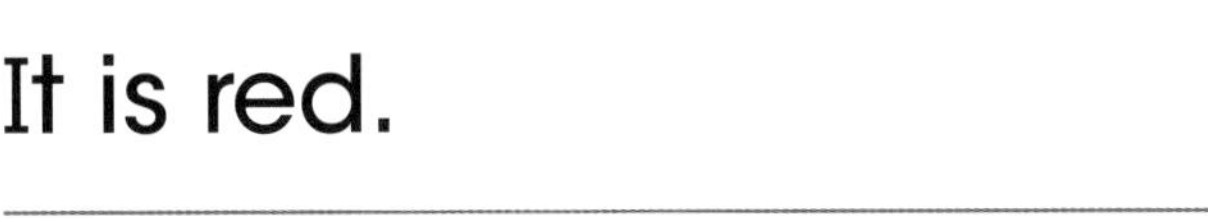

It is red.

문장 해석 Tom is tall. 톰은 키가 커요. • Mom is at home. 엄마는 집에 있어요. • It is red. 그것은 빨간색이에요. • I like red. 나는 빨간색을 좋아해요.

look

단어를 찾아 동그라미 하세요.

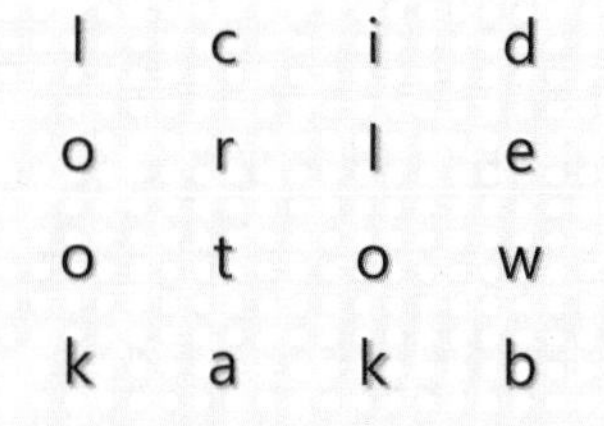

l	c	i	d
o	r	l	e
o	t	o	w
k	a	k	b

단어를 따라 써보세요.

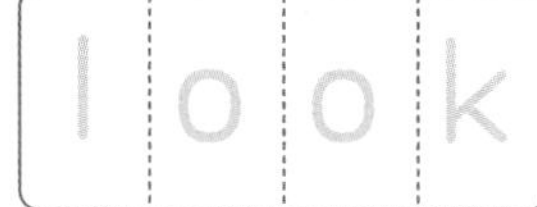
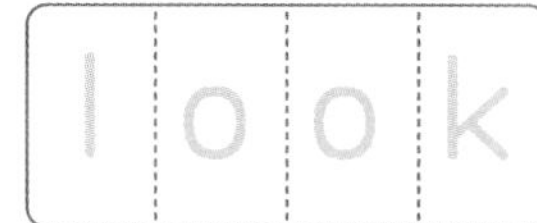

세 번씩 단어를 써보세요.

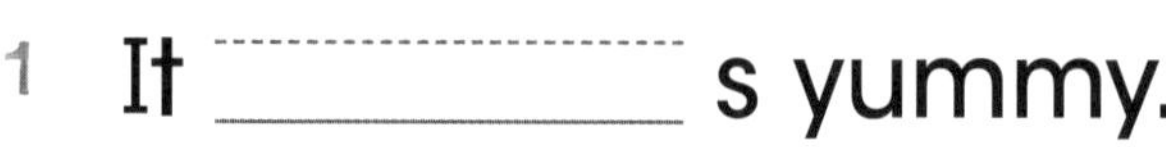

단어를 써서 문장을 완성해보세요.

1 It ________ s yummy.

2 It ________ s hot.

다음 문장을 따라 쓰고 다섯 번 크게 읽어보세요.

It looks yummy.

단어를 익혀요 look (~처럼) 보이다 • yummy 맛있는 • hot 뜨거운 • no 안돼 • Oh 어머(감탄사) • do ~하다 • not ~아닌

no

단어를 찾아 동그라미 하세요.

a	c	n	d
n	p	o	e
i	o	w	z
B	f	g	i

단어를 따라 써보세요.

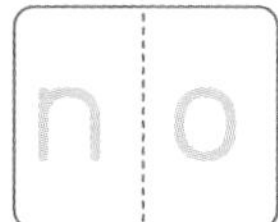
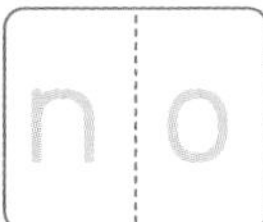

세 번씩 단어를 써보세요.

no

단어를 써서 문장을 완성해보세요.

1 Oh, ________ !

2 ________ , I do not.

다음 문장을 따라 쓰고 다섯 번 크게 읽어보세요.

Oh, no!

문장 해석 It looks yummy. (그것은) 맛있어 보여요. • It looks hot. (그것은) 뜨거워 보여요. • Oh, no! 어머, 안돼! • No, I do not. 아니야, 난 안 해(난 싫어).

UNIT 3 Read the Story

1

I see an apple.

2

It is red.

문장 해석 ❶ I see an apple. 나는 사과 (한 개)를 보아요. ❷ It is red. 그것은 빨간색이에요. ❸ It looks yummy. 맛있어 보여요. ❹ Oh, no! 오, 안돼!

3

It looks yummy.

4

Oh, no!

Write the Story

1

2

3

4

this

단어를 찾아 동그라미 하세요.

l	c	i	d
t	h	i	s
o	s	t	w
k	a	k	b

단어를 따라 써보세요.

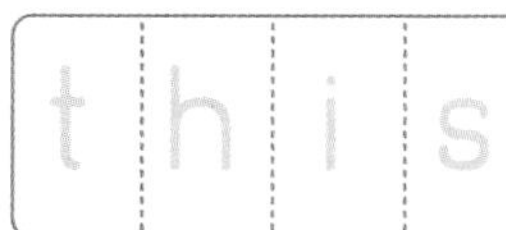

세 번씩 단어를 써보세요.

this

단어를 써서 문장을 완성해보세요.

1 ____________ is a book.

2 ____________ is a pen.

다음 문장을 따라 쓰고 다섯 번 크게 읽어보세요. □□□□□

This is a book.

단어를 익혀요 this 이것 • book 책 • pen 펜 • my 나의 • toy 장난감 • dog 개

my

단어를 찾아 동그라미 하세요.

a	n	m	y
n	y	s	e
i	a	w	z
t	m	g	i

단어를 따라 써보세요.

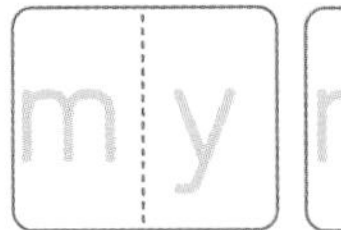
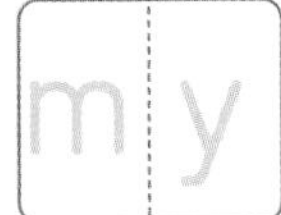

세 번씩 단어를 써보세요.

단어를 써서 문장을 완성해보세요.

1 This is ________ toy.

2 It is ________ dog.

다음 문장을 따라 쓰고 다섯 번 크게 읽어보세요. □□□□□

This is my toy.

문장 해석 This is a book. 이것은 책이에요. • This is a pen. 이것은 펜이에요. • This is my toy. 이것은 내 장난감이에요. It is my dog. 이것은 내 개예요.

new

단어를 찾아 동그라미 하세요.

b	c	i	w
n	n	s	e
i	e	a	z
B	w	e	i

단어를 따라 써보세요.

세 번씩 단어를 써보세요.

new

단어를 써서 문장을 완성해보세요.

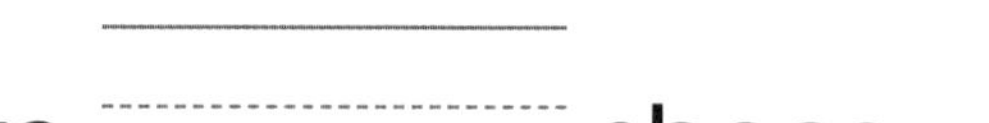

1 I like ________ shoes.

2 It is a ________ hat.

다음 문장을 따라 쓰고 다섯 번 크게 읽어보세요.

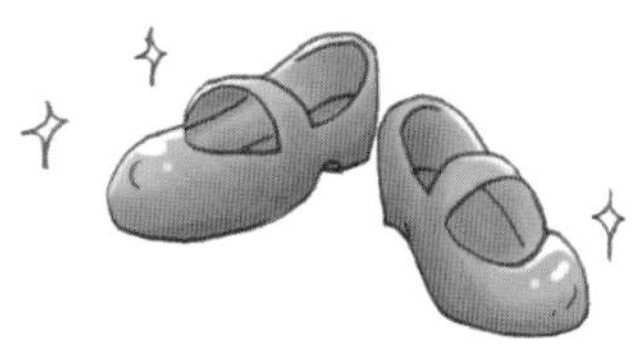

I like new shoes.

단어를 익혀요 new 새 • shoes 신발 • hat 모자 • can ~할 수 있다 • jump 팔짝 뛰다 • read 읽다

can

단어를 찾아 동그라미 하세요.

b	c	i	d
n	p	s	e
i	a	e	z
c	a	n	p

단어를 따라 써보세요.

can can

세 번씩 단어를 써보세요.

can

단어를 써서 문장을 완성해보세요.

1 I ________ jump.

2 I ________ read.

다음 문장을 따라 쓰고 다섯 번 크게 읽어보세요. □□□□□

I can jump.

문장 해석 I like new shoes. 난 새 신발이 좋아요. • It is a new hat. 그것은 새 모자예요. • I can jump. 나는 뛸 수 있어요. • I can read. 나는 읽을 수 있어요.

walk

단어를 찾아 동그라미 하세요.

l	c	i	w
w	r	l	a
o	t	o	l
k	a	k	k

단어를 따라 써보세요.

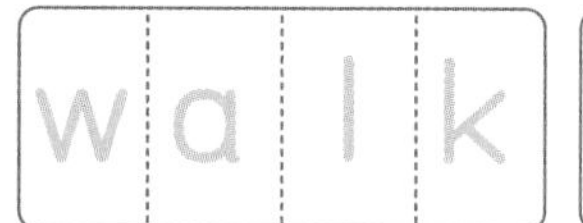

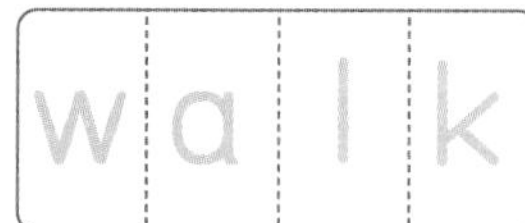

세 번씩 단어를 써보세요.

단어를 써서 문장을 완성해보세요.

1 It can ______ .

2 I ______ home.

다음 문장을 따라 쓰고 다섯 번 크게 읽어보세요.

It can walk.

walk 걷다 • home 집에 • fly 날다 • bird(s) 새(들)

fly

단어를 찾아 동그라미 하세요.

f	c	i	d
n	p	s	e
i	f	l	y
B	f	e	i

단어를 따라 써보세요.

f l y f l y

세 번씩 단어를 써보세요.

fly

단어를 써서 문장을 완성해보세요.

1 It can ________ .

2 Birds can ________ .

다음 문장을 따라 쓰고 다섯 번 크게 읽어보세요. □□□□□

It can fly.

문장 해석 It can walk. 그것은 걸을 수 있어요. • I walk home. 나는 집에 걸어가요. • It can fly. 그것은 날 수 있어요. • Birds can fly. 새들은 날 수 있어요.

into

단어를 찾아 동그라미 하세요.

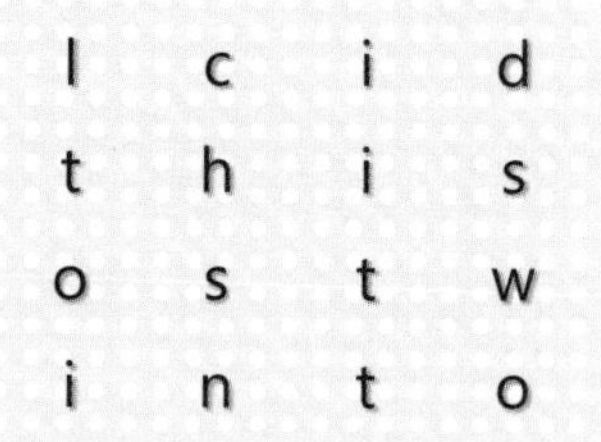

l	c	i	d
t	h	i	s
o	s	t	w
i	n	t	o

단어를 따라 써보세요.

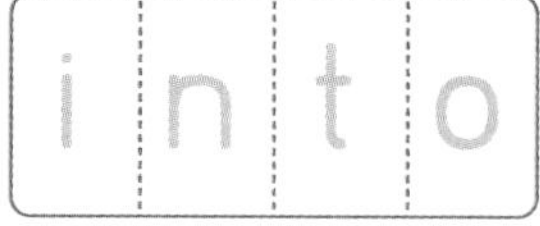
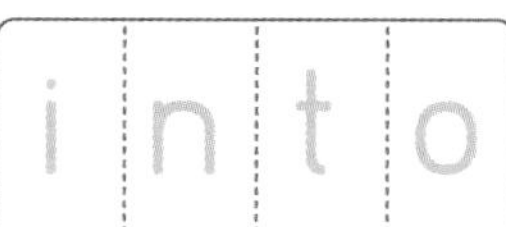

세 번씩 단어를 써보세요.

into

단어를 써서 문장을 완성해보세요.

1 It can turn ________ a car.

2 I jump ________ the water.

다음 문장을 따라 쓰고 다섯 번 크게 읽어보세요.

It can turn into a car.

단어를 익혀요 into ~으로 • turn 변하다 • car 자동차 • water 물 • a 부정관사(단수 명사 앞에 오는 말) • top 팽이 • monkey 원숭이

a

단어를 찾아 동그라미 하세요.

z	c	I	d
n	p	s	e
i	b	w	a
B	f	g	i

단어를 따라 써보세요.

a a

세 번씩 단어를 써보세요.

a

단어를 써서 문장을 완성해보세요.

1 I like ________ top.

2 I see ________ monkey.

다음 문장을 따라 쓰고 다섯 번 크게 읽어보세요. □□□□□

I like a top.

문장 해석 It can turn into a car. 그것은 자동차로 변할 수 있어요. • I jump into the water. 나는 물속으로 뛰어 들어가요. • I like a top. 나는 팽이를 좋아해요. • I see a monkey. 나는 원숭이 (한 마리)를 보아요.

1

This is my new toy.

2

It can walk.

문장 해석 ❶ This is my new toy. 이것은 내 새 장난감이에요. ❷ It can walk. 그것은 걸을 수 있어요. ❸ It can fly. 그것은 날 수 있어요.
❹ It can turn into a car. 그것은 자동차로 변할 수 있어요.

3

It can fly.

4

It can turn into a car.

Write the Story

1

2

3

4

who

단어를 찾아 동그라미 하세요.

z	c	i	d
n	w	s	e
i	h	l	y
B	o	e	i

단어를 따라 써보세요.

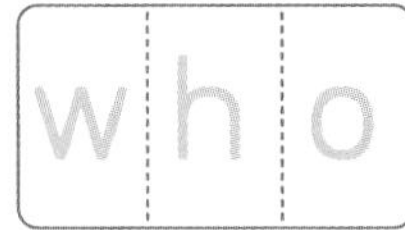

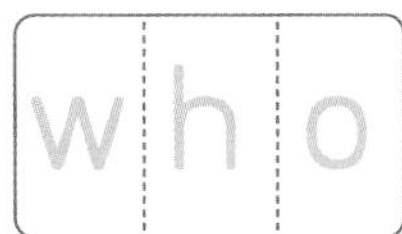

세 번씩 단어를 써보세요.

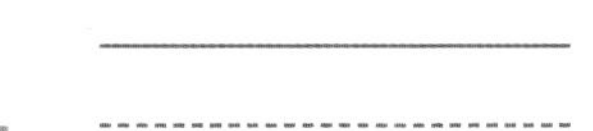

단어를 써서 문장을 완성해보세요.

1 ______ is it?

2 ______ is she?

다음 문장을 따라 쓰고 다섯 번 크게 읽어보세요. 

단어를 익혀요 who 누구 • she 그녀(그 여자) • sister 여자 형제(언니, 누나, 또는 여동생)

she

단어를 찾아 동그라미 하세요.

t	c	s	d
n	p	h	e
i	f	e	y
s	f	a	i

단어를 따라 써보세요.

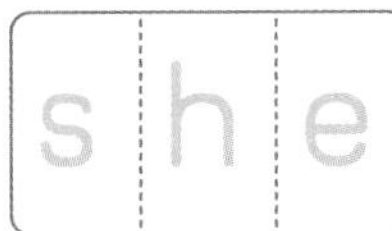

세 번씩 단어를 써보세요.

she

단어를 써서 문장을 완성해보세요.

1 ______ is my mom.

2 ______ is my sister.

다음 문장을 따라 쓰고 다섯 번 크게 읽어보세요.

She is my mom.

문장 해석 Who is it? 누구세요? • Who is she? 그녀는 누구예요? • She is my mom. 그녀는 우리 엄마예요. • She is my sister. 그녀는 내 여동생이에요.

단어를 찾아 동그라미 하세요.

f	p	i	d	n
r	r	e	o	w
i	e	l	y	h
b	t	e	I	m
a	t	g	z	y
r	y	e	s	q

pretty

단어를 따라 써보세요.

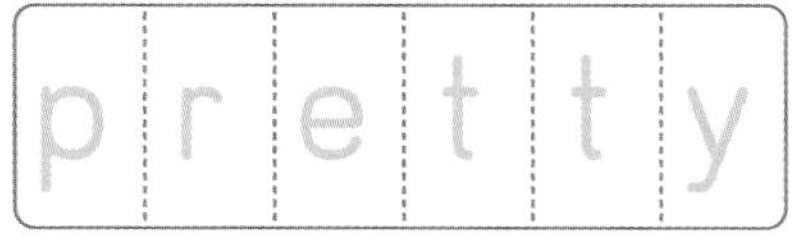
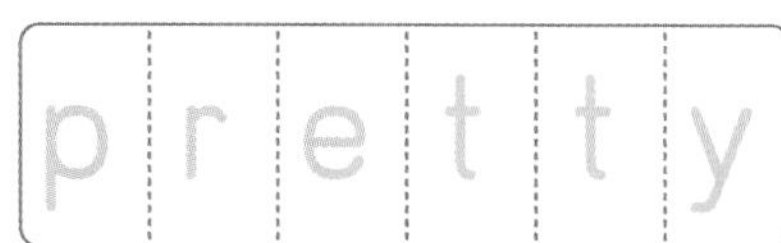

세 번씩 단어를 써보세요.

pretty

단어를 써서 문장을 완성해보세요.

1 She is ______ .

2 I am ______ .

다음 문장을 따라 쓰고 다섯 번 크게 읽어보세요. □□□□□

She is pretty.

단어를 익혀요 pretty 예쁜 • am ~이다(I 와 함께 쓰는 말) • funny 재미있는, 웃긴 • he 그(그 남자) • dad 아빠

funny

단어를 따라 써보세요.

단어를 찾아 동그라미 하세요.

f	p	i	d	n
f	u	n	n	y
i	s	l	y	h
b	t	e	I	m
a	f	g	z	y

세 번씩 단어를 써보세요.

단어를 써서 문장을 완성해보세요.

1 He is ______________ .

2 My dad is ______________ .

다음 문장을 따라 쓰고 다섯 번 크게 읽어보세요. □□□□□

문장 해석 She is pretty. 그 여자는 예뻐요. • I am pretty. 나는 예뻐요. • He is funny. 그 남자는 재미있어요. • My dad is funny. 우리 아빠는 재미있어요.

mom

단어를 찾아 동그라미 하세요.

z	c	i	d
n	w	s	e
i	h	l	y
B	m	o	m

단어를 따라 써보세요.

세 번씩 단어를 써보세요.

mom

단어를 써서 문장을 완성해보세요.

1 I love my ________ .

2 My ________ is pretty.

다음 문장을 따라 쓰고 다섯 번 크게 읽어보세요. □□□□□

단어를 익혀요 mom 엄마 • love 사랑하다 • that 저것 • fire truck 소방차

that

단어를 따라 써보세요.

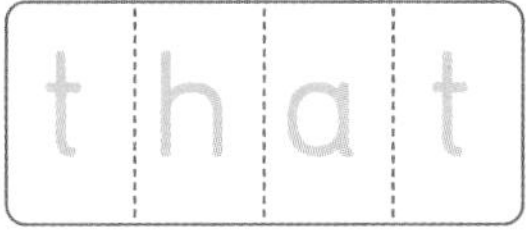
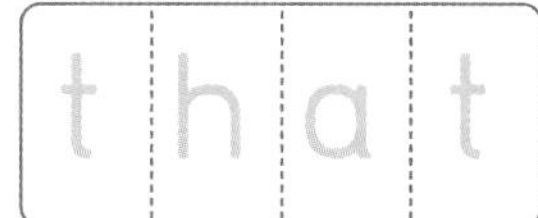

단어를 찾아 동그라미 하세요.

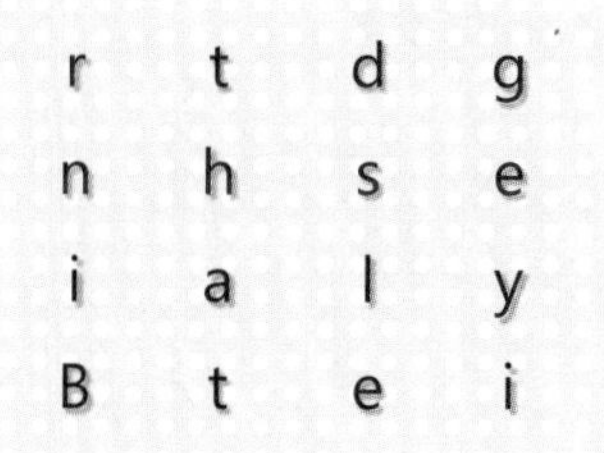

r	t	d	g
n	h	s	e
i	a	l	y
B	t	e	i

세 번씩 단어를 써보세요.

that

단어를 써서 문장을 완성해보세요.

1 ________ is a fire truck.

2 I like ________ .

다음 문장을 따라 쓰고 다섯 번 크게 읽어보세요. □□□□□

That is a fire truck.

문장 해석 I love my mom. 나는 우리 엄마를 사랑해요. • My mom is pretty. 우리 엄마는 예뻐요. • That is a fire truck. 저것은 소방차예요. • I like that. 나는 저것이 좋아요.

am

단어를 찾아 동그라미 하세요.

a	n	m	y
n	y	s	e
i	a	m	z
t	m	g	i

단어를 따라 써보세요.

세 번씩 단어를 써보세요.

am

단어를 써서 문장을 완성해보세요.

1 I ________ sick.

2 I ________ tall.

다음 문장을 따라 쓰고 다섯 번 크게 읽어보세요.

I am sick.

단어를 익혀요 am ~이다(I와 함께 쓰임) • sick 아픈 • tall 키가 큰 • all 모두 • you 너, 너희들 • book(s) 책(들)

all

단어를 찾아 동그라미 하세요.

z	c	i	d
n	w	s	e
i	h	k	y
a	l	l	i

단어를 따라 써보세요.

a l l a l l

세 번씩 단어를 써보세요.

all

단어를 써서 문장을 완성해보세요.

1 I love you ________ .

2 I like ________ books.

다음 문장을 따라 쓰고 다섯 번 크게 읽어보세요.

I love you all.

문장 해석 I am sick. 나는 아파요. • I am tall. 나는 키가 커요. • I love you all. 나는 너희들 모두를 사랑해. • I like all books. 나는 모든 책들을 좋아해요.

1

Who is she?

2

She is pretty.

문장 해석 ❶ Who is she? 그녀는 누구일까요? ❷ She is pretty. 그녀는 예뻐요. ❸ She is funny. 그녀는 재미있어요.
❹ She is my mom. 그녀는 우리 엄마예요.

3

She is funny.

4

She is my mom.

Write the Story

1

2

friend

단어를 따라 써보세요.

단어를 찾아 동그라미 하세요.

f	p	f	d	n
r	r	r	o	w
i	e	i	y	h
b	t	e	I	m
a	t	n	z	y
r	y	d	s	q

세 번씩 단어를 써보세요.

friend

단어를 써서 문장을 완성해보세요.

1 She is my ________ .

2 I like my ________ .

다음 문장을 따라 쓰고 다섯 번 크게 읽어보세요. □□□□□

단어를 익혀요 friend 친구 • like 좋아하다 • they 그들 • are ~이다(they나 we등 복수 주어와 함께 쓰는 말)

they

단어를 따라 써보세요.

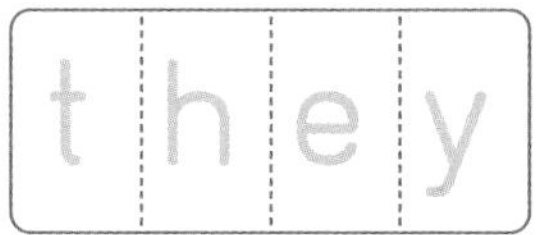
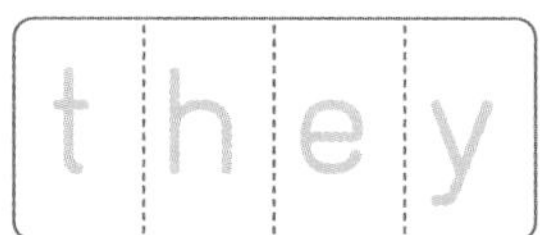

단어를 찾아 동그라미 하세요.

l	c	t	d
t	h	e	y
o	s	b	w
i	n	t	o

세 번씩 단어를 써보세요.

단어를 써서 문장을 완성해보세요.

1 ______ are funny.

2 ______ can walk.

다음 문장을 따라 쓰고 다섯 번 크게 읽어보세요. □□□□□

They are funny.

문장 해석 She is my friend. 그녀는 내 친구예요. • I like my friend. 나는 내 친구를 좋아해요. • They are funny. 그들은 재미있어요. • They can walk. 그들은 걸을 수 있어요.

are

단어를 찾아 동그라미 하세요.

a	t	i	d
n	p	s	e
i	a	r	e
B	f	e	i

단어를 따라 써보세요.

세 번씩 단어를 써보세요.

are

단어를 써서 문장을 완성해보세요.

1 They ________ my friends.

2 Apples ________ red.

다음 문장을 따라 쓰고 다섯 번 크게 읽어보세요.

They are my friends.

단어를 익혀요 **are** ~이다(복수 주어와 함께 쓰임) • **like** 좋아하다 • **pizza** 피자

like

단어를 따라 써보세요.

l i k e　l i k e

단어를 찾아 동그라미 하세요.

l	c	i	d
i	h	i	s
k	s	t	w
e	n	t	o

세 번씩 단어를 써보세요.

like

단어를 써서 문장을 완성해보세요.

1 I ________ dogs.

2 They ________ pizza.

다음 문장을 따라 쓰고 다섯 번 크게 읽어보세요. □□□□□

I like dogs.

문장 해석 They are my friends. 그들은 내 친구들이에요. • Apples are red. 사과는 빨간색이에요. • I like dogs. 나는 개들을 좋아해요. • They like pizza. 그들은 피자를 좋아해요.

to

단어를 따라 써보세요.

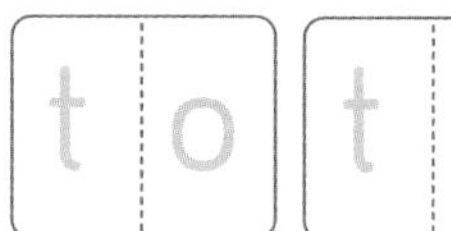

단어를 찾아 동그라미 하세요.

a	n	m	y
n	y	s	e
i	t	w	z
b	o	g	i

세 번씩 단어를 써보세요.

to

단어를 써서 문장을 완성해보세요.

1 I like ________ swim.

2 They like ________ walk.

다음 문장을 따라 쓰고 다섯 번 크게 읽어보세요.

I like to swim.

to ~로, ~하는 것 • swim 헤엄치다 • with ~와 함께 • them 그들을(목적격으로 쓰이는 말)

with

단어를 따라 써보세요.

with with

단어를 찾아 동그라미 하세요.

l	c	i	d
t	h	i	s
w	i	t	h
k	a	k	b

세 번씩 단어를 써보세요.

with

단어를 써서 문장을 완성해보세요.

1 I walk ________ my mom.

2 I jump ________ them.

다음 문장을 따라 쓰고 다섯 번 크게 읽어보세요. □□□□□

I walk with my mom.

문장 해석 I like to swim. 나는 헤엄치는 것을 좋아해요. • They like to walk. 그들은 걷는 것을 좋아해요. • I walk with my mom. 나는 우리 엄마랑 걸어요. • I jump with them. 나는 그들과 함께 뛰어요.

them

단어를 따라 써보세요.

 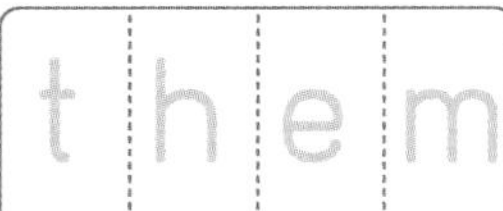

단어를 찾아 동그라미 하세요.

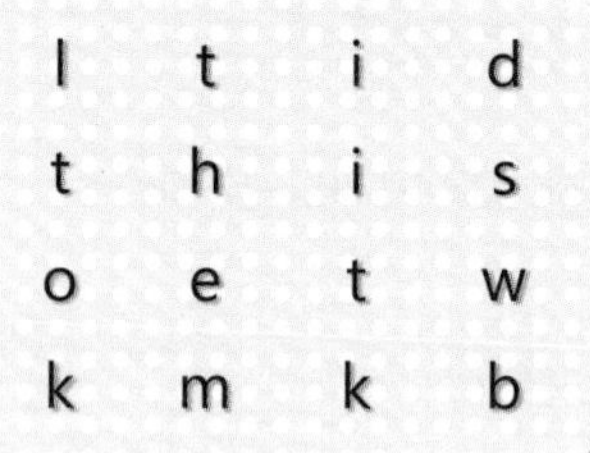

l	t	i	d
t	h	i	s
o	e	t	w
k	m	k	b

세 번씩 단어를 써보세요.

them

단어를 써서 문장을 완성해보세요.

1 I like to jump with ________ .

2 I like ________ .

다음 문장을 따라 쓰고 다섯 번 크게 읽어보세요. □□□□□

I like to jump with them.

단어를 익혀요 **them** 그들(목적격으로 쓰는 말) • **have** ~을 가지다 • **pet** 애완동물

have

단어를 찾아 동그라미 하세요.

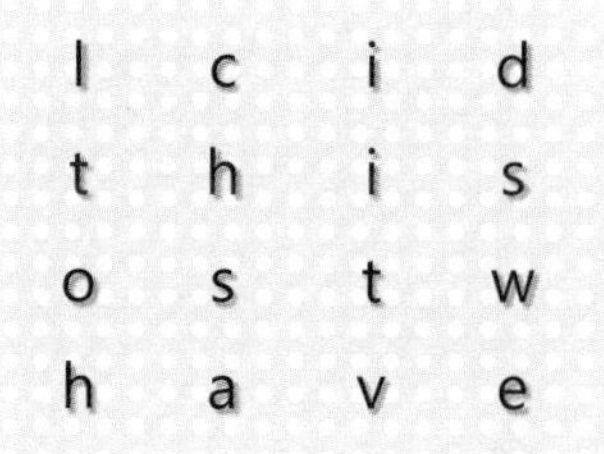

l	c	i	d
t	h	i	s
o	s	t	w
h	a	v	e

단어를 따라 써보세요.

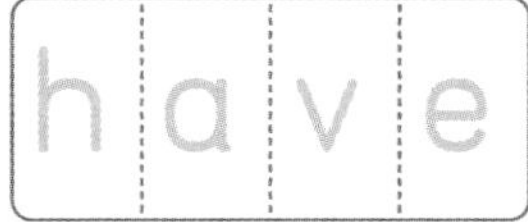
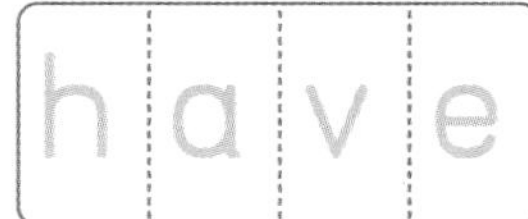

세 번씩 단어를 써보세요.

단어를 써서 문장을 완성해보세요.

1 I ________ a pet.

2 I ________ a pen.

다음 문장을 따라 쓰고 다섯 번 크게 읽어보세요. □□□□□

I have a pet.

문장 해석 I like to jump with them. 나는 그들과 함께 뛰는 것이 좋아요. • I like them. 나는 그들을 좋아해요. • I have a pet. 나는 애완동물을 가지고 있어요. • I have a pen. 나는 펜을 가지고 있어요.

Read the Story

1

Sam is my pet.

2

She is my friend.

문장 해석 ❶ Sam is my pet. 샘은 내 애완동물이에요. ❷ She is my friend. 그녀는 내 친구예요.
❸ They are my friends. 그들은 내 친구들이에요. ❹ I like to jump with them. 나는 그 애들하고 함께 뛰는 게 좋아요.

3

They are my friends.

4

I like to jump with them.

Write the Story

1

2

3

4

we

단어를 찾아 동그라미 하세요.

a	n	m	y
n	y	s	e
i	a	m	z
t	m	w	e

단어를 따라 써보세요.

세 번씩 단어를 써보세요.

we

단어를 써서 문장을 완성해보세요.

1 ________ have books.

2 ________ like cars.

다음 문장을 따라 쓰고 다섯 번 크게 읽어보세요.

We have books.

단어를 익혀요 we 우리(는) • play 놀다 • in ~에서 • playground 놀이터

play

단어를 따라 써보세요.

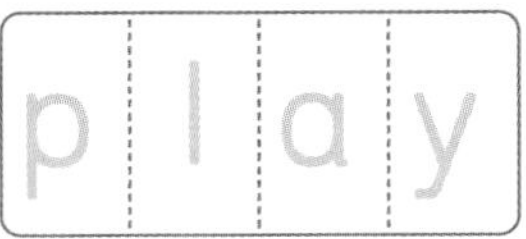
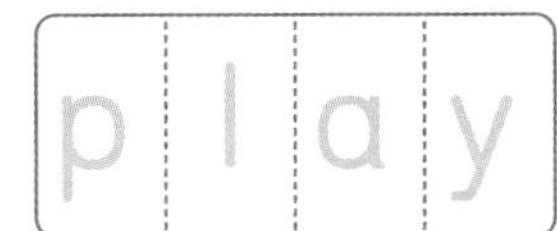

단어를 찾아 동그라미 하세요.

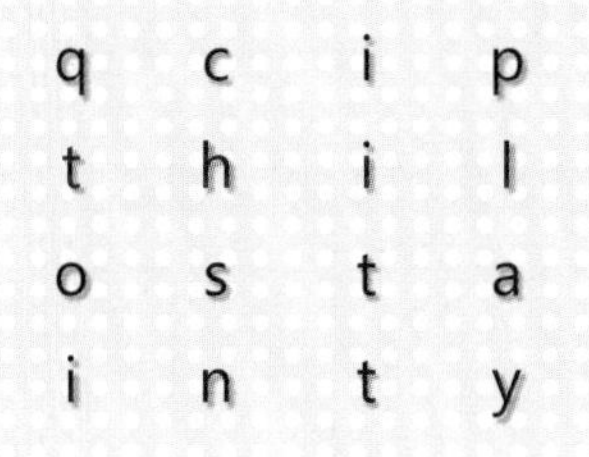

q	c	i	p
t	h	i	l
o	s	t	a
i	n	t	y

세 번씩 단어를 써보세요.

play

단어를 써서 문장을 완성해보세요.

1 We ________ in the playground.

2 I ________ with my friends.

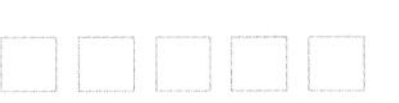

다음 문장을 따라 쓰고 다섯 번 크게 읽어보세요.

We play in the playground.

문장 해석 We have books. 우리는 책을 가지고 있어요. • We like cars. 우리는 자동차를 좋아해요. • We play in the playground. 우리는 놀이터에서 놀아요. • I play with my friends. 나는 내 친구들하고 놀아요.

in

단어를 찾아 동그라미 하세요.

v	n	m	x
n	i	n	e
i	a	m	z
t	m	g	i

단어를 따라 써보세요.

i n i n

세 번씩 단어를 써보세요.

in

단어를 써서 문장을 완성해보세요.

1 It is ________ the box.

2 Dogs are ________ the house.

다음 문장을 따라 쓰고 다섯 번 크게 읽어보세요.

It is in the box.

단어를 익혀요 in ~(안)에 • box 상자 • house 집 • the 정관사(명사 앞에 오는 말) • mud 진흙탕 • put 넣다

the

단어를 따라 써보세요.

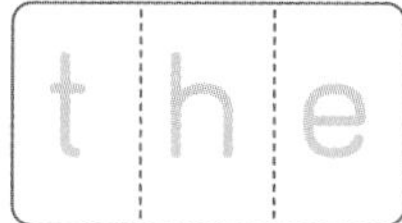
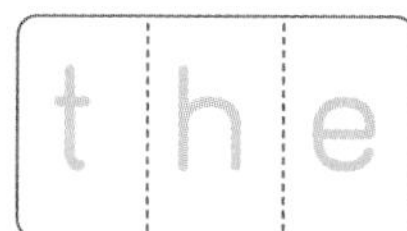

단어를 찾아 동그라미 하세요.

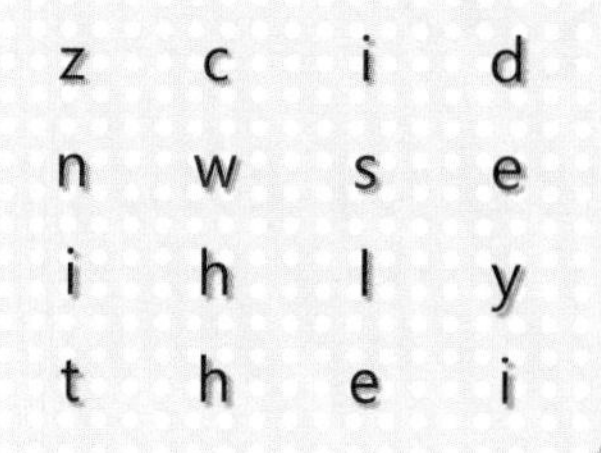

z	c	i	d
n	w	s	e
i	h	l	y
t	h	e	i

세 번씩 단어를 써보세요.

the

단어를 써서 문장을 완성해보세요.

1 We play in ________ mud.

2 I put it in ________ box.

다음 문장을 따라 쓰고 다섯 번 크게 읽어보세요.

We play in the mud.

문장 해석 It is in the box. 그것은 상자 안에 있어요. • Dogs are in the house. 개들은 집 안에 있어요. • We play in the mud. 우리는 진흙탕에서 놀아요. • I put it in the box. 나는 그것을 상자 안에 넣어요.

go

단어를 따라 써보세요.

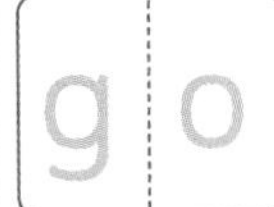

단어를 찾아 동그라미 하세요.

a	n	g	o
n	y	s	e
i	a	m	z
t	m	g	i

세 번씩 단어를 써보세요.

go

단어를 써서 문장을 완성해보세요.

1 I ________ to school.

2 I ________ to the zoo.

다음 문장을 따라 쓰고 다섯 번 크게 읽어보세요.

I go to school.

단어를 익혀요 go 가다 • to ~에 • school 학교 • zoo 동물원 • up 위로

up

단어를 찾아 동그라미 하세요.

g	n	m	y
n	t	s	e
i	a	u	p
t	m	g	i

단어를 따라 써보세요.

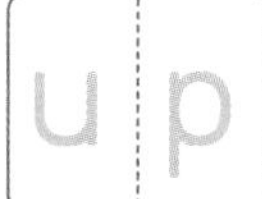

세 번씩 단어를 써보세요.

단어를 써서 문장을 완성해보세요.

1 I go ________ .

2 I put it ________ .

다음 문장을 따라 쓰고 다섯 번 크게 읽어보세요.

I go up.

문장 해석 I go to school. 나는 학교에 가요. • I go to the zoo. 나는 동물원에 가요. • I go up. 나는 위로 올라가요. • I put it up. 나는 그것을 (위에) 붙여요.

down

단어를 찾아 동그라미 하세요.

d	c	i	w
o	r	l	a
w	t	o	l
n	a	k	k

단어를 따라 써보세요.

세 번씩 단어를 써보세요.

down

단어를 써서 문장을 완성해보세요.

1 We go ________ .

2 I look ________ .

다음 문장을 따라 쓰고 다섯 번 크게 읽어보세요.

We go down.

단어를 익혀요 down 아래로 • look 보다, 바라보다 • happy 행복한

happy

단어를 따라 써보세요.

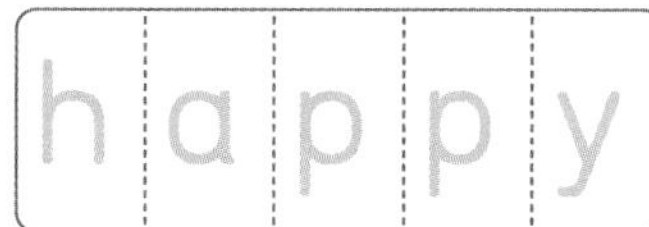

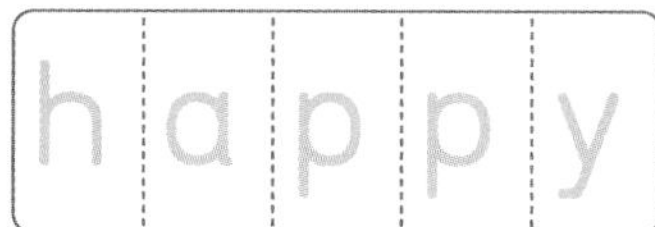

세 번씩 단어를 써보세요.

단어를 찾아 동그라미 하세요.

s	p	i	d	n
f	u	h	n	y
i	s	l	y	h
h	a	p	p	y
a	f	g	z	y

단어를 써서 문장을 완성해보세요.

1 We are ________ .

2 She is ________ .

다음 문장을 따라 쓰고 다섯 번 크게 읽어보세요. □□□□□

문장 해석 We go down. 우리는 아래로 내려가요. • I look down. 나는 아래를 내려다보아요. • We are happy. 우리는 행복해요. • She is happy. 그녀는 행복해요.

UNIT 15 Read the Story

1

We play in the playground.

2

We go up.

문장 해석 ❶ We play in the playground. 우리는 놀이터에서 놀아요. ❷ We go up. 우리는 위로 올라가요. ❸ We go down. 우리는 아래로 내려가요. ❹ We are happy now. 우리는 지금 행복해요.

3

We go down.

4

We are happy now.

Write the Story

1

2

3

4

he

단어를 찾아 동그라미 하세요.

h	c	m	y
n	y	h	e
i	a	w	z
t	m	g	i

단어를 따라 써보세요.

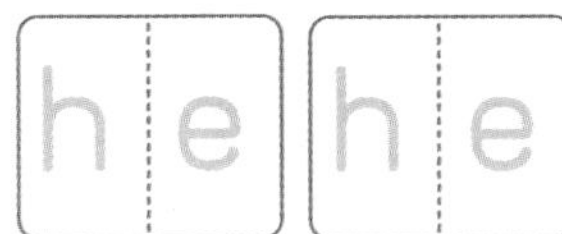

세 번씩 단어를 써보세요.

he

단어를 써서 문장을 완성해보세요.

1 ______ is my dad.

2 ______ can fly.

다음 문장을 따라 쓰고 다섯 번 크게 읽어보세요.

단어를 익혀요 **he** 그(그 남자) • **big** 큰 • **bear** 곰

big

단어를 따라 써보세요.

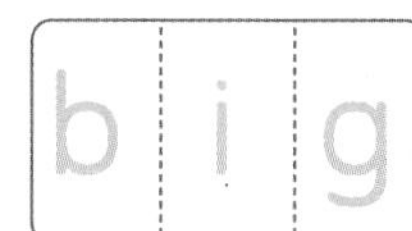

단어를 찾아 동그라미 하세요.

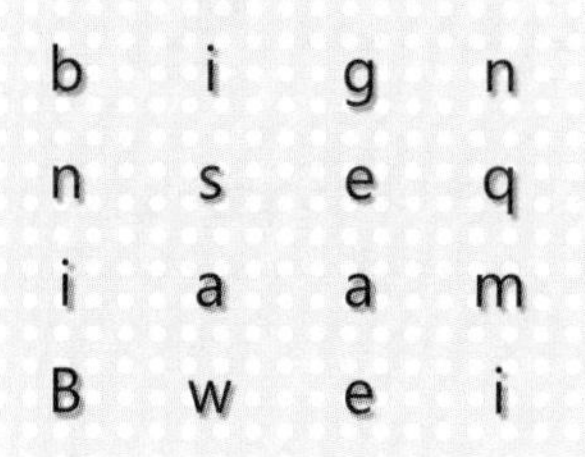

세 번씩 단어를 써보세요.

big

단어를 써서 문장을 완성해보세요.

1 He is ________ .

2 The bear is ________ .

다음 문장을 따라 쓰고 다섯 번 크게 읽어보세요. □□□□□

He is big.

문장 해석 He is my dad. 그(그 남자)는 우리 아빠예요. • He can fly. 그(그 남자)는 날 수 있어요. • He is big. 그(그 남자)는 커요. • The bear is big. 곰은 커요.

단어를 찾아 동그라미 하세요.

h	p	s	d	n
r	f	t	o	w
i	e	r	y	h
b	c	o	I	m
a	t	n	z	y
r	y	g	s	q

strong

단어를 따라 써보세요.

s t r o n g　s t r o n g

세 번씩 단어를 써보세요.

strong

단어를 써서 문장을 완성해보세요.

1 He is ________ .

2 I am ________ .

다음 문장을 따라 쓰고 다섯 번 크게 읽어보세요. □□□□□

He is strong.

단어를 익혀요 strong 강한, 힘이 센 • and ~와, ~과 • banana 바나나

and

단어를 따라 써보세요.

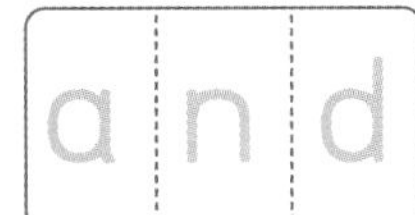

단어를 찾아 동그라미 하세요.

e	c	i	w
n	g	a	o
f	e	n	d
i	e	d	z

세 번씩 단어를 써보세요.

단어를 써서 문장을 완성해보세요.

1 I like apples ________ bananas.

2 I have books ________ toys.

다음 문장을 따라 쓰고 다섯 번 크게 읽어보세요.

문장 해석 He is strong. 그는 힘이 세요. • I am strong. 나는 힘이 세요. • I like apples and bananas. 나는 사과와 바나나를 좋아해요. • I have books and toys. 나는 책과 장난감들을 가지고 있어요.

run

단어를 따라 써보세요.

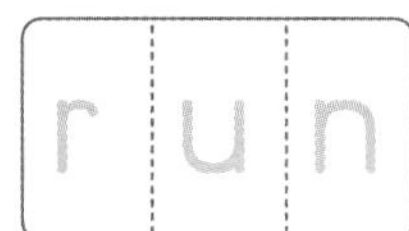

단어를 찾아 동그라미 하세요.

j	l	i	w
x	n	s	r
i	e	a	u
a	w	e	n

세 번씩 단어를 써보세요.

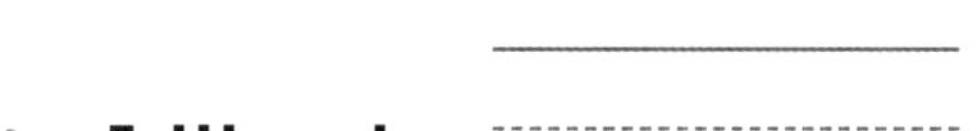

단어를 써서 문장을 완성해보세요.

1 I like to ________ .

2 We ________ and jump.

다음 문장을 따라 쓰고 다섯 번 크게 읽어보세요.

I like to run.

단어를 익혀요 **run** 달리다 • **after** ~뒤에

after

단어를 따라 써보세요.

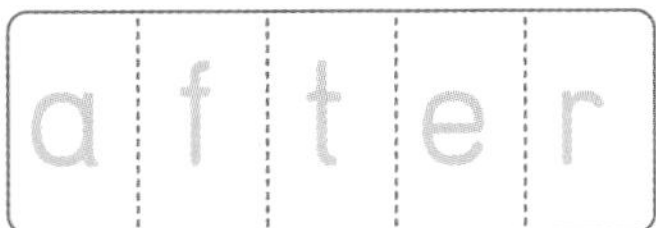

단어를 찾아 동그라미 하세요.

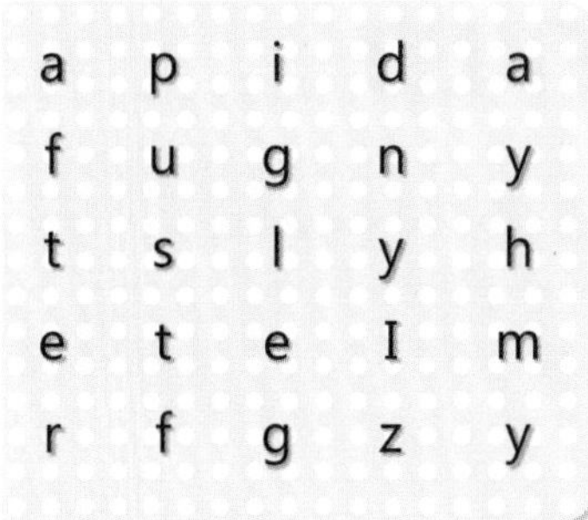

a	p	i	d	a
f	u	g	n	y
t	s	l	y	h
e	t	e	I	m
r	f	g	z	y

세 번씩 단어를 써보세요.

단어를 써서 문장을 완성해보세요.

1 I go ______ Tom.

2 We play ______ school.

다음 문장을 따라 쓰고 다섯 번 크게 읽어보세요. □□□□□

I go after Tom.

문장 해석 I like to run. 나는 달리는 것을 좋아해요. • We run and jump. 우리는 달리고 (높이) 뛰어요. • I go after Tom. 나는 Tom을 따라가요. • We play after school. 우리는 학교를 마치고 놀아요.

him

단어를 찾아 동그라미 하세요.

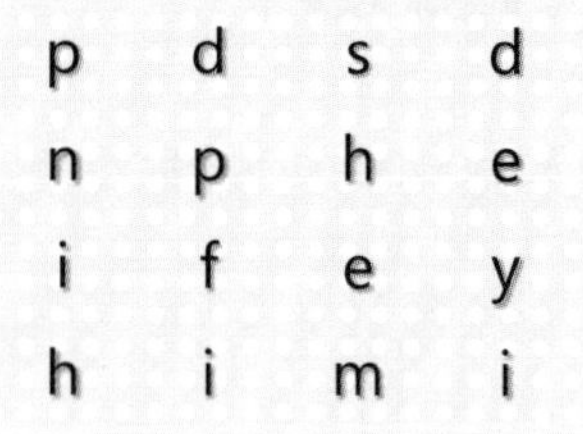

p	d	s	d
n	p	h	e
i	f	e	y
h	i	m	i

단어를 따라 써보세요.

세 번씩 단어를 써보세요.

him

단어를 써서 문장을 완성해보세요.

1 I run after ________ .

2 I like ________ .

다음 문장을 따라 쓰고 다섯 번 크게 읽어보세요. □□□□□

I run after him.

단어를 익혀요 him 그를(그 남자를) • but 하지만 • faster 더 빠른 • yummy 맛있는

but

단어를 따라 써보세요.

b u t　b u t

단어를 찾아 동그라미 하세요.

t	c	s	d
n	b	u	t
i	f	e	y
s	f	a	i

세 번씩 단어를 써보세요.

but

단어를 써서 문장을 완성해보세요.

1 ______ he is faster.

2 ______ it looks yummy.

다음 문장을 따라 쓰고 다섯 번 크게 읽어보세요. □□□□□

But he is faster.

문장 해석 I run after him. 나는 그를 뒤쫓아 달려가요. • I like him. 나는 그가 좋아요. • But he is faster. 하지만 그가 더 빨라요. • But it looks yummy. 하지만 그것은 맛있어 보여요.

UNIT 18

Read the Story

1

Tom is fast.

2

He is big and strong.

문장 해석 ❶ Tom is fast. 톰은 빨라요. ❷ He is big and strong. 그는 크고 힘이 세요.
❸ I run after him. 나는 그를 쫓아 뛰어요. ❹ But he is faster. 하지만 그가 더 빨라요.

3

I run after him.

4

But he is faster.

Write the Story

1

2

3

4

what

단어를 찾아 동그라미 하세요.

l	c	i	d
w	h	a	t
o	t	o	w
k	a	k	b

단어를 따라 써보세요.

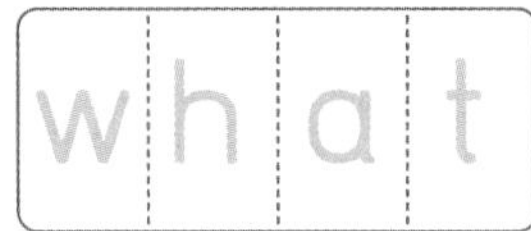

세 번씩 단어를 써보세요.

what

단어를 써서 문장을 완성해보세요.

1 ________ is it?

2 ________ do you like?

다음 문장을 따라 쓰고 다섯 번 크게 읽어보세요.

What is it?

단어를 익혀요 what 무엇 • do 하다(what으로 의문문을 만들 때 쓰이기도 하는 말) • be 되다 • want 원하다

be

단어를 따라 써보세요.

b e b e

단어를 찾아 동그라미 하세요.

k	c	n	d
n	p	o	e
i	o	w	z
a	b	e	i

세 번씩 단어를 써보세요.

be

단어를 써서 문장을 완성해보세요.

1 What can it ________ ?

2 I want to ________ a mom.

다음 문장을 따라 쓰고 다섯 번 크게 읽어보세요. □□□□□

What can it be?

문장 해석 What is it? 그게 뭐예요? • What do you like? 너는 무엇을 좋아하니? • What can it be? 그건 무엇일까요? • I want to be a mom. 나는 엄마가 되고 싶어요.

has

단어를 찾아 동그라미 하세요.

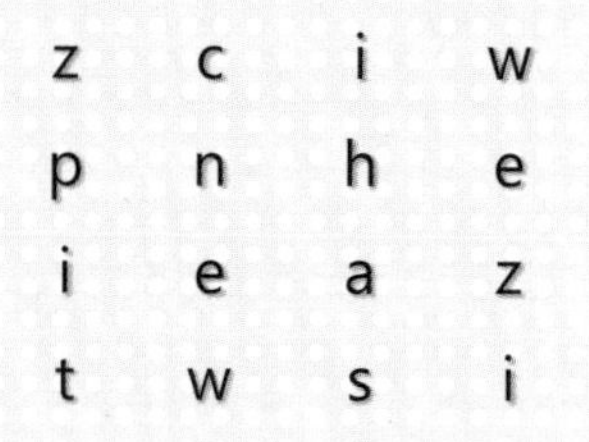

z	c	i	w
p	n	h	e
i	e	a	z
t	w	s	i

단어를 따라 써보세요.

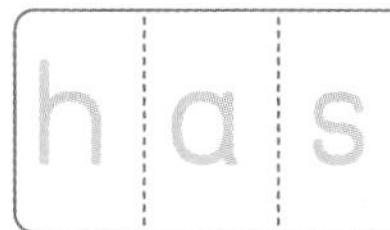

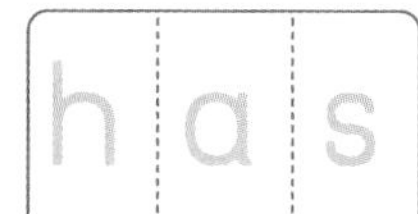

세 번씩 단어를 써보세요.

has

단어를 써서 문장을 완성해보세요.

1 He ________ a pot.

2 She ________ a new toy.

다음 문장을 따라 쓰고 다섯 번 크게 읽어보세요. □□□□□

He has a pot.

단어를 익혀요 has 가지다(he, she, it처럼 단수 주어와 함께 쓰는 말) • pot 화분 • four 넷, 네 개의 • leg(s) 다리(들)

four

단어를 찾아 동그라미 하세요.

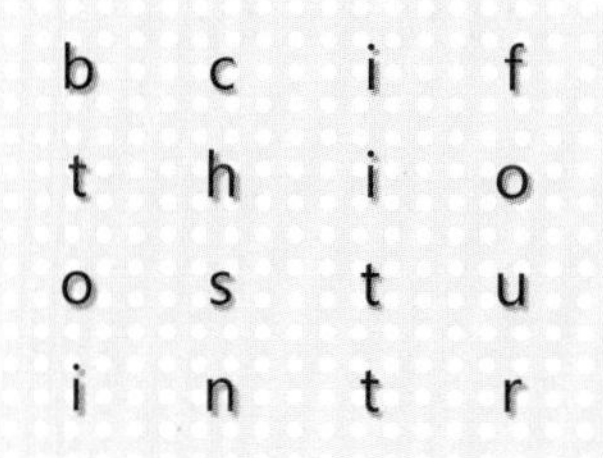

b	c	i	f
t	h	i	o
o	s	t	u
i	n	t	r

단어를 따라 써보세요.

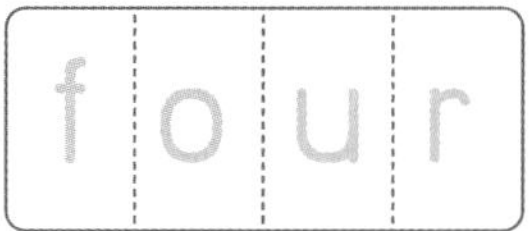

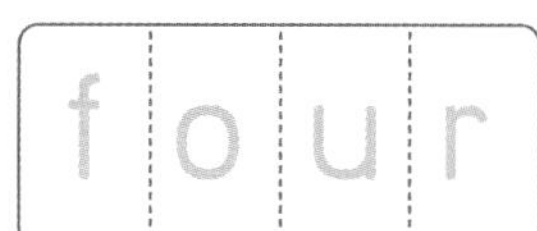

세 번씩 단어를 써보세요.

four

단어를 써서 문장을 완성해보세요.

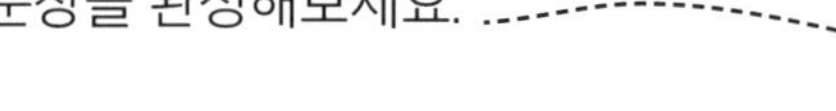

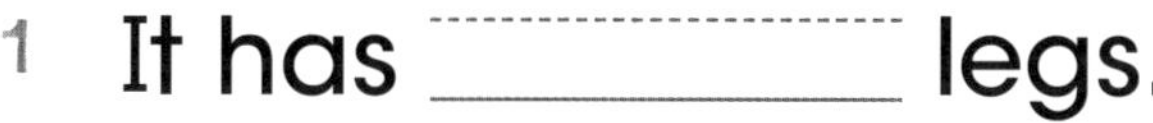

1 It has ________ legs.

2 I have ________ friends.

다음 문장을 따라 쓰고 다섯 번 크게 읽어보세요. □□□□□

It has four legs.

문장 해석 He has a pot. 그는 화분을 가지고 있어요. • She has a new toy. 그녀는 새 장난감을 가지고 있어요. • It has four legs. 그것은 다리가 네 개예요. • I have four friends. 나는 친구가 네 명 있어요.

brown

단어를 따라 써보세요.

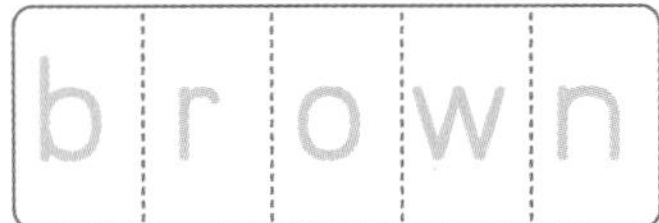

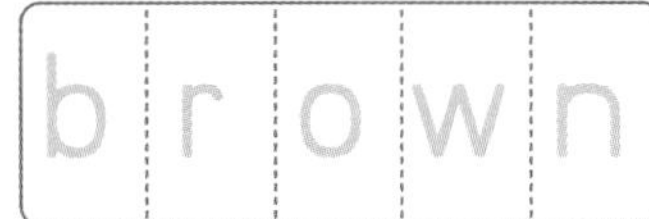

단어를 찾아 동그라미 하세요.

a	p	b	d	n
f	h	r	n	y
i	s	o	y	h
b	t	w	I	m
a	f	n	z	y

세 번씩 단어를 써보세요.

brown

단어를 써서 문장을 완성해보세요.

1 It is ______________ .

2 I like ______________ .

다음 문장을 따라 쓰고 다섯 번 크게 읽어보세요. □□□□□

It is brown.

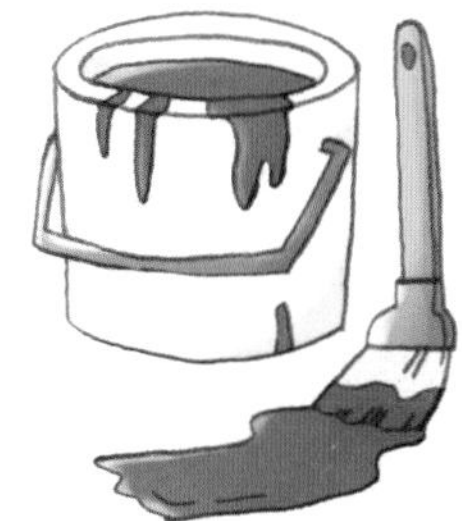

단어를 익혀요 brown 갈색의, 갈색 • black 검정색의, 검정색

black

단어를 따라 써보세요.

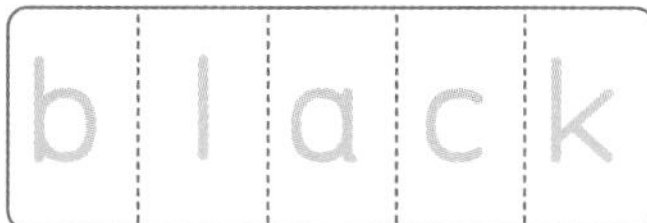

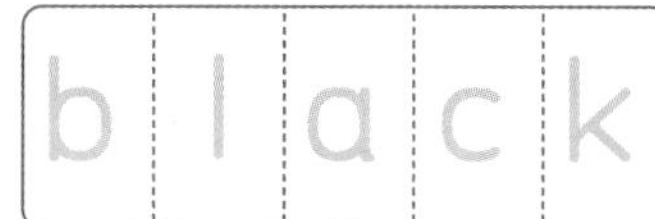

단어를 찾아 동그라미 하세요.

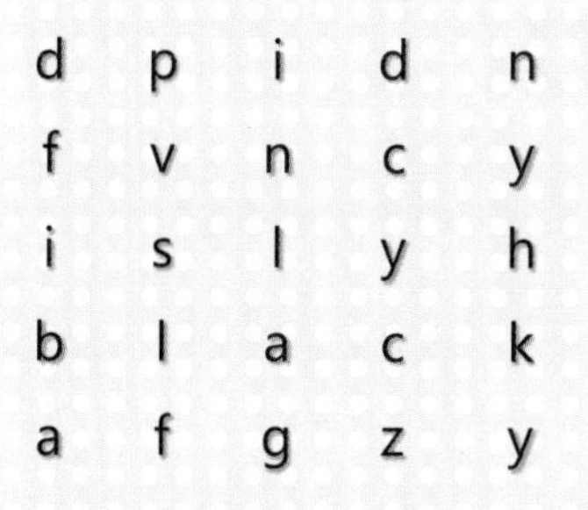

세 번씩 단어를 써보세요.

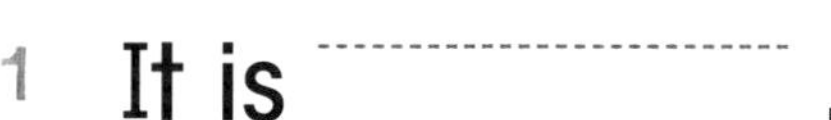

단어를 써서 문장을 완성해보세요.

1 It is ________ .

2 I have a ________ pen.

다음 문장을 따라 쓰고 다섯 번 크게 읽어보세요. 

It is black.

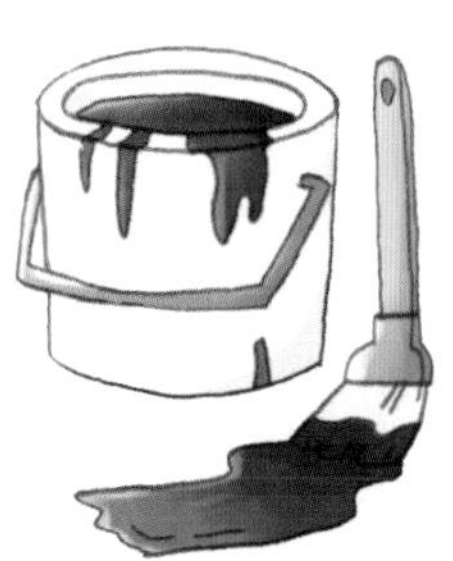

문장 해석 It is brown. 그것은 갈색이에요. • I like brown. 나는 갈색을 좋아해요. • It is black. 그것은 검정색이에요. • I have a black cat. 나는 검은 고양이를 가지고 있어요.

at

단어를 따라 써보세요.

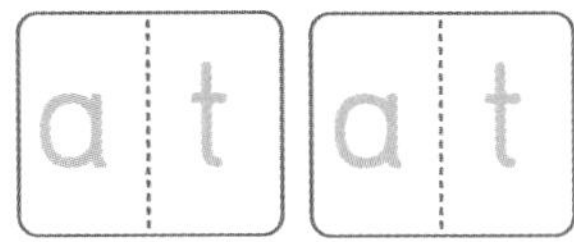

단어를 찾아 동그라미 하세요.

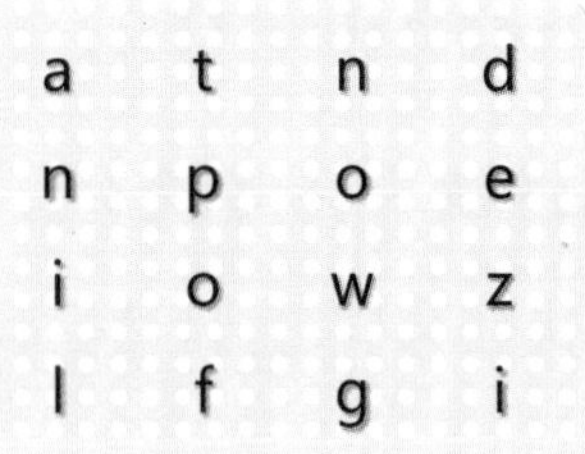

a	t	n	d
n	p	o	e
i	o	w	z
l	f	g	i

세 번씩 단어를 써보세요.

at

단어를 써서 문장을 완성해보세요.

1 We play ________ home.

2 We read ________ school.

다음 문장을 따라 쓰고 다섯 번 크게 읽어보세요.

We play at home.

단어를 익혀요 at ~에 • for ~를 위해 • your 너의 • teeth 이빨들

for

단어를 찾아 동그라미 하세요.

z	c	i	d
n	w	f	e
i	h	o	y
p	m	r	m

단어를 따라 써보세요.

for for

세 번씩 단어를 써보세요.

for

단어를 써서 문장을 완성해보세요.

1 It is ________ your teeth.

2 I have it ________ you.

다음 문장을 따라 쓰고 다섯 번 크게 읽어보세요. □□□□□

It is for your teeth.

문장 해석 We play at home. 우리는 집에서 놀아요. • We read at school. 우리는 학교에서 읽어요. • It is for your teeth. 이것은 네 이를 위한 거야. • I have it for you. 너를 위해 준비했어.

1

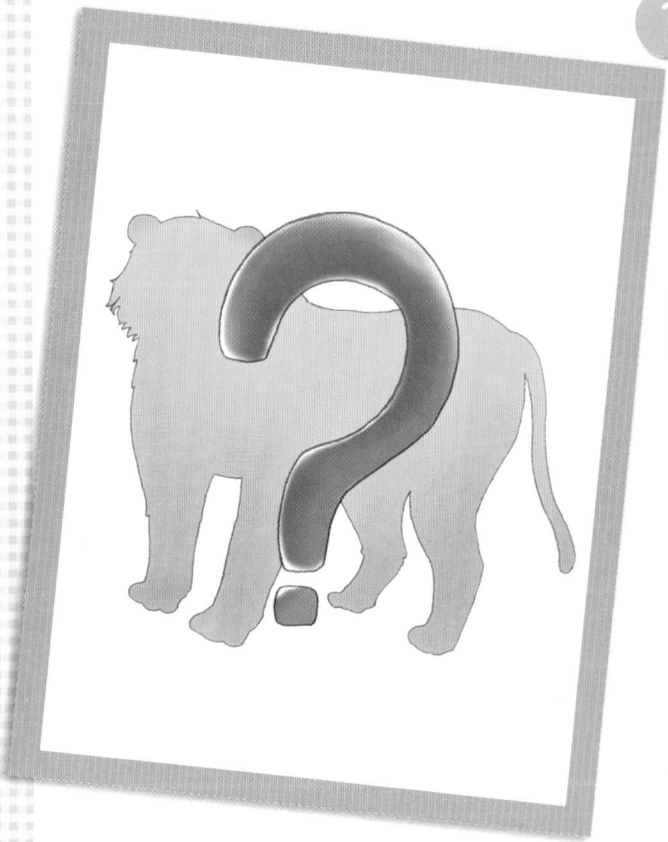

What can it be?

2

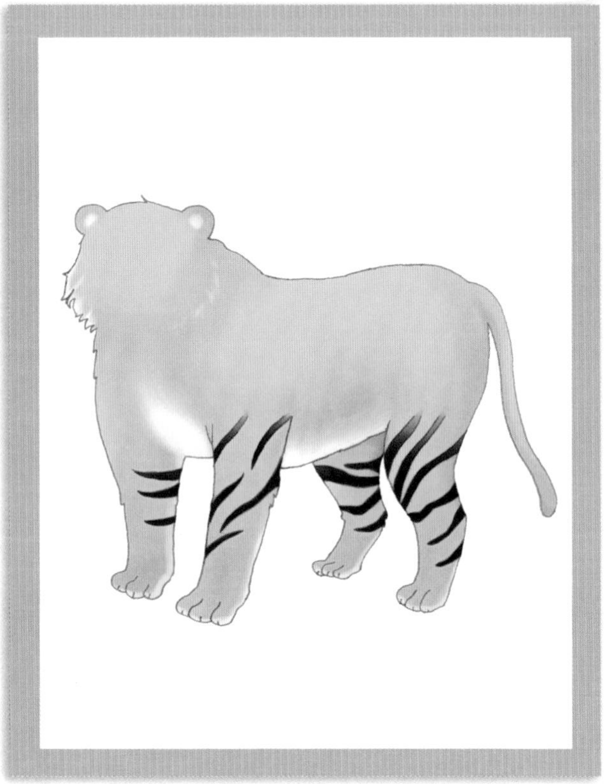

It has four legs.
It is brown and black.

문장 해석 ❶ What can it be? (그것은) 무엇일까요? ❷ It has four legs. 그것은 다리가 네 개예요. It is brown and black. 그것은 갈색과 검정색이에요. ❸ It has sharp teeth. 그것은 날카로운 이빨을 가졌어요. ❹ It is a tiger. 그것은 호랑이예요.

3

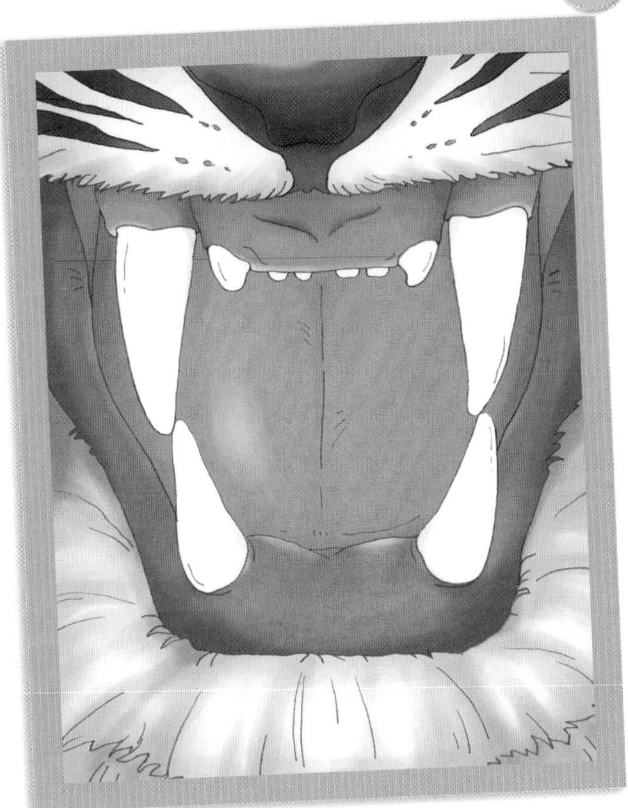

It has sharp teeth.

4

It is a tiger.

Write the Story

1

2

3

4

want

단어를 찾아 동그라미 하세요.

b	c	i	d
k	r	l	e
o	t	o	w
w	a	n	t

단어를 따라 써보세요.

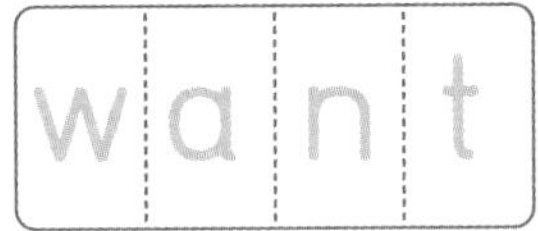

세 번씩 단어를 써보세요.

want

단어를 써서 문장을 완성해보세요.

1 I ________ to be a cook.

2 I ________ ice cream.

다음 문장을 따라 쓰고 다섯 번 크게 읽어보세요. □□□□□

I want to be a cook.

단어를 익혀요 want 원하다 • cook 요리사 • ice cream 아이스크림 • get 받다, 얻다, 구하다 • milk 우유 • ice 얼음

get

단어를 따라 써보세요.

get get

세 번씩 단어를 써보세요.

get

단어를 써서 문장을 완성해보세요.

1 I ________ milk.

2 I ________ ice.

다음 문장을 따라 쓰고 다섯 번 크게 읽어보세요.

I get milk.

단어를 찾아 동그라미 하세요.

d	c	i	w
n	j	g	e
i	e	e	z
B	w	t	i

문장 해석 I want to be a cook. 나는 요리사가 되고 싶어요. • I want ice cream. 나는 아이스크림을 원해요. • I get milk. 나는 우유를 받아요. • I get ice. 나는 얼음을 얻어요.

make

단어를 따라 써보세요.

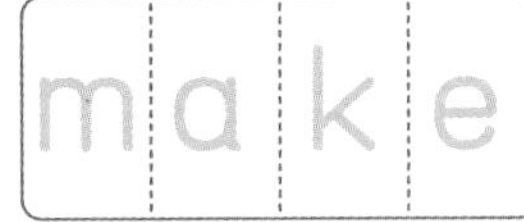

단어를 찾아 동그라미 하세요.

l	f	i	d
t	e	i	s
m	a	k	e
k	a	c	b

세 번씩 단어를 써보세요.

make

단어를 써서 문장을 완성해보세요.

1 I ______ ice cream.

2 I ______ a robot.

다음 문장을 따라 쓰고 다섯 번 크게 읽어보세요.

I make ice cream.

단어를 익혀요 make 만들다 • ice cream 아이스크림 • robot 로봇 • eat 먹다 • ham 햄

eat

단어를 따라 써보세요.

e a t   e a t

단어를 찾아 동그라미 하세요.

m	e	i	d
n	a	s	e
i	t	e	z
c	a	n	p

세 번씩 단어를 써보세요.

eat

단어를 써서 문장을 완성해보세요.

1 I ________ ice cream.

2 We ________ ham.

다음 문장을 따라 쓰고 다섯 번 크게 읽어보세요. □□□□□

I eat ice cream.

문장 해석 I make ice cream. 나는 아이스크림을 만들어요. • I make a robot. 나는 로봇을 만들어요. • I eat ice cream. 나는 아이스크림을 먹어요. • We eat ham. 우리는 햄을 먹어요.

white

단어를 찾아 동그라미 하세요.

w	p	i	w	n
f	u	t	h	y
i	s	l	i	h
b	t	e	t	m
a	f	g	e	y

단어를 따라 써보세요.

w h i t e

세 번씩 단어를 써보세요.

white

단어를 써서 문장을 완성해보세요.

1 I see ________ snow.

2 I eat ________ rice.

다음 문장을 따라 쓰고 다섯 번 크게 읽어보세요. □□□□□

I see white snow.

단어를 익혀요 white 하얀색의 • snow 눈 • rice 쌀 • find 찾다, 발견하다 • cookie(s) 쿠키(들)

find

단어를 찾아 동그라미 하세요.

f	i	n	d
t	h	i	s
o	s	t	w
i	n	t	o

단어를 따라 써보세요.

find find

세 번씩 단어를 써보세요.

find

단어를 써서 문장을 완성해보세요.

1 I want to ________ my toy.

2 I ________ cookies.

다음 문장을 따라 쓰고 다섯 번 크게 읽어보세요. □□□□□

I want to find my toy.

문장 해석 I see white snow. 나는 하얀 눈을 보아요. • I eat white rice. 나는 하얀 쌀을 먹어요. • I want to find my toy. 나는 내 장난감을 찾고 싶어요. • I find cookies. 나는 쿠키를 찾아요.

our

단어를 찾아 동그라미 하세요.

f	c	i	d
n	j	s	e
i	a	e	z
c	o	u	r

단어를 따라 써보세요.

our our

세 번씩 단어를 써보세요.

our

단어를 써서 문장을 완성해보세요.

1 It is ________ house.

2 We make ________ dinner.

다음 문장을 따라 쓰고 다섯 번 크게 읽어보세요.

It is our house.

단어를 익혀요 our 우리의 • dinner 저녁밥 • must ~해야만 한다 • stop 멈추다

must

단어를 찾아 동그라미 하세요.

p	m	i	w
w	u	l	a
o	s	m	l
k	t	z	k

단어를 따라 써보세요.

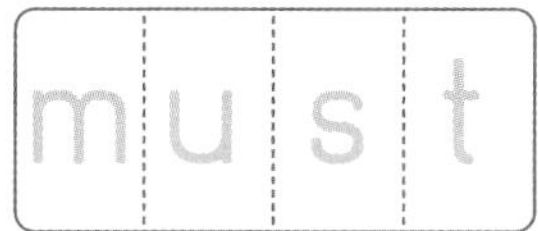

세 번씩 단어를 써보세요.

단어를 써서 문장을 완성해보세요.

1 We ________ stop.

2 He ________ go.

다음 문장을 따라 쓰고 다섯 번 크게 읽어보세요. □□□□□

We must stop.

문장 해석 It is our house. 그것은 우리 집이에요. • We make our dinner. 우리는 우리의 저녁밥을 만들어요. • We must stop. 우리는 멈추어야 해요. • He must go. • 그는 가야만 해요.

Read the Story

1

I want to be a cook.

2

I get milk and ice.

문장 해석 ❶ I want to be a cook. 나는 요리사가 되고 싶어요. ❷ I get milk and ice. 나는 우유와 얼음을 준비해요.
❸ I make ice cream. 나는 아이스크림을 만들어요. ❹ I eat my white ice cream. 나는 내 하얀 아이스크림을 먹어요.

3

I make ice cream.

4

I eat my white ice cream.

Write the Story

3

4

단어를 찾아 동그라미 하세요.

j	p	i	d	n
f	c	n	v	t
i	s	l	y	h
t	h	r	e	e
a	f	g	z	y

three

단어를 따라 써보세요.

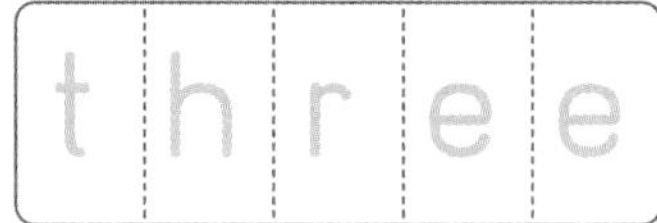

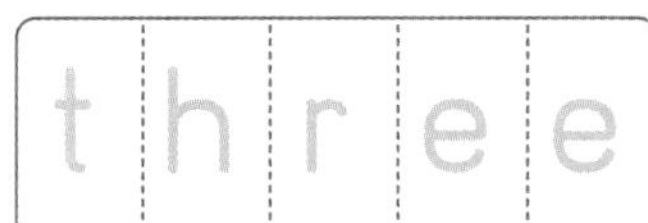

세 번씩 단어를 써보세요.

단어를 써서 문장을 완성해보세요.

1 I see ________ eggs.

2 I have ________ tops.

다음 문장을 따라 쓰고 다섯 번 크게 읽어보세요.

단어를 익혀요 three 셋, 세 개의 • egg(s) 달걀(들) • on ~ 위에 • desk 책상

on

단어를 찾아 동그라미 하세요.

a	r	m	y
n	y	o	e
i	p	n	z
t	m	g	i

단어를 따라 써보세요.

on on

세 번씩 단어를 써보세요.

on

단어를 써서 문장을 완성해보세요.

1 I sit ________ the eggs.

2 The book is ________ the desk.

다음 문장을 따라 쓰고 다섯 번 크게 읽어보세요. □□□□□

I sit on the eggs.

문장 해석 I see three eggs. 나는 달걀 세 개를 보아요. • I have three tops. 나는 팽이 세 개를 가지고 있어요. • I sit on the eggs. 나는 달걀들 위에 앉아요. • The book is on the desk. 책은 책상 위에 있어요.

soon

단어를 따라 써보세요.

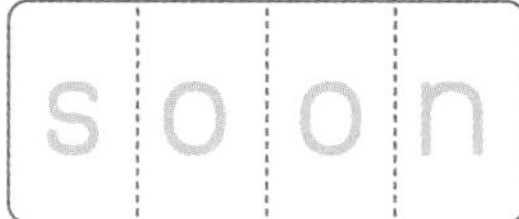
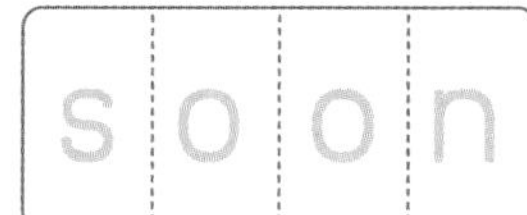

단어를 찾아 동그라미 하세요.

l	c	s	d
d	h	o	s
o	s	o	w
k	a	n	b

세 번씩 단어를 써보세요.

soon

단어를 써서 문장을 완성해보세요.

1 Get well ________ .

2 It is coming ________ .

다음 문장을 따라 쓰고 다섯 번 크게 읽어보세요.

Get well soon.

단어를 익혀요 soon 곧 • get ~하게 되다 • well 좋은, (병이) 나은 • coming: come(오다) + ing • there 거기 • yet 아직

there

단어를 따라 써보세요.

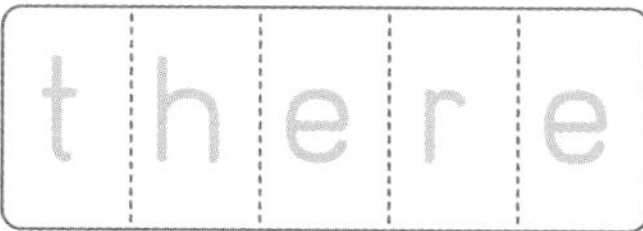

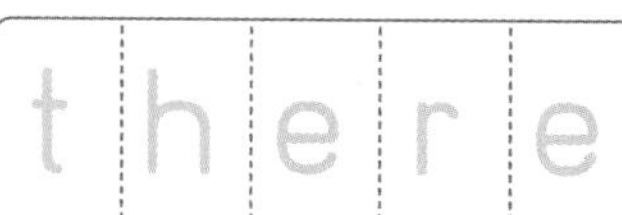

단어를 찾아 동그라미 하세요.

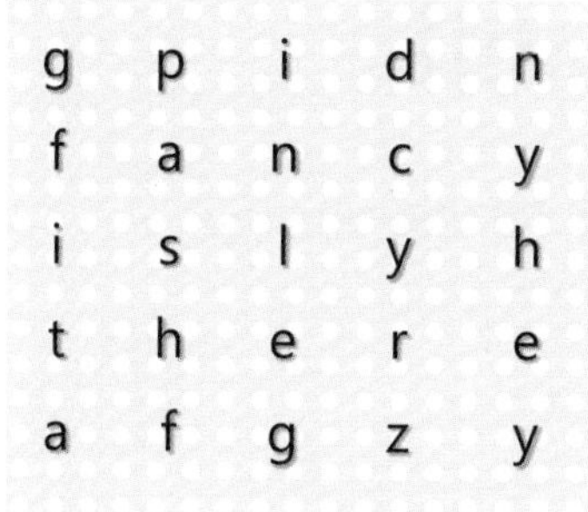

세 번씩 단어를 써보세요.

there

단어를 써서 문장을 완성해보세요.

1 I want to go ______ .

2 Are we ______ yet?

다음 문장을 따라 쓰고 다섯 번 크게 읽어보세요.

I want to go there.

문장 해석 Get well soon. 빨리 나으세요. • It is coming soon. 곧 올 거예요. • I want to go there. 나는 거기에 가고 싶어요. • Are we there yet? 우리 (도착하려면) 아직 멀었어요?

will

단어를 찾아 동그라미 하세요.

p	c	i	d
t	d	h	s
o	w	i	g
w	i	l	l

단어를 따라 써보세요.

w i l l　w i l l

세 번씩 단어를 써보세요.

will

단어를 써서 문장을 완성해보세요.

1 There ________ be chicks.

2 We ________ go on a picnic.

다음 문장을 따라 쓰고 다섯 번 크게 읽어보세요. □□□□□

There will be chicks.

단어를 익혀요 will ~일 것이다. • be 있다 • chick(s) 병아리(들) • picnic 소풍 • thank 고마워하다, 감사하다

thank

단어를 찾아 동그라미 하세요.

m	p	i	d	n
t	h	a	n	k
i	s	l	y	h
b	t	e	I	m
a	f	g	z	y

단어를 따라 써보세요.

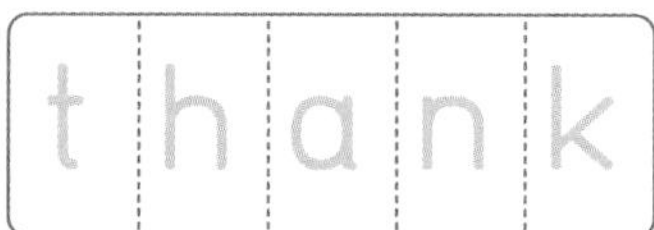

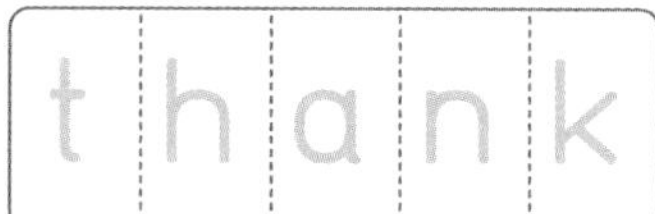

세 번씩 단어를 써보세요.

thank

단어를 써서 문장을 완성해보세요.

1 ________ you, Mom.

2 I want to ________ you.

다음 문장을 따라 쓰고 다섯 번 크게 읽어보세요. 

Thank you, Mom.

문장 해석 There will be chicks. 병아리들이 생길 거예요. • We will go on a picnic. 우리는 소풍을 갈 거예요. • Thank you, Mom. 고마워요, 엄마. • I want to thank you. 나는 너에게 고맙다고 하고 싶어.

said

단어를 찾아 동그라미 하세요.

l	c	i	d
t	a	k	s
o	s	g	w
s	a	i	d

단어를 따라 써보세요.

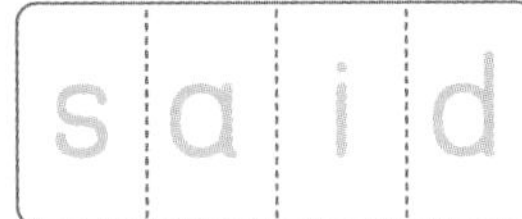

세 번씩 단어를 써보세요.

said

단어를 써서 문장을 완성해보세요.

1 "Thank you," I ________ .

2 She ________ , "Bye."

다음 문장을 따라 쓰고 다섯 번 크게 읽어보세요.

"Thank you," I said.

단어를 익혀요 **said** 말했다 • **Bye** 안녕, 잘 가(헤어질 때 인사) • **now** 지금

now

단어를 따라 써보세요.

now now

단어를 찾아 동그라미 하세요.

z	c	i	d
n	w	s	e
i	n	o	w
B	o	e	i

세 번씩 단어를 써보세요.

now

단어를 써서 문장을 완성해보세요.

1 We are happy ________.

2 I want to go ________.

다음 문장을 따라 쓰고 다섯 번 크게 읽어보세요. □□□□□

We are happy now.

문장 해석 "Thank you." I said. "고마워," 하고 내가 말했다. • She said, "Bye." 그녀가 말했다, "잘 가."라고. • We are happy now. 우리는 지금 행복해요. • I want to go now. 나는 지금 가고 싶어요.

1

I see three eggs.

2

The chicken sits on the eggs.

문장 해석 ❶ I see three eggs. 나는 달걀 세 개를 보아요. ❷ The chicken sits on the eggs. 닭이 알들 위에 앉아요.
❸ Soon there will be chicks. 곧 병아리들이 생길 거예요. ❹ "Thank you, Mommy Chicken." "고마워요, 엄마 닭."

3

Soon there will be chicks.

4

"Thank you, Mommy Chicken."

Write the Story

1

2

3

4

was

단어를 찾아 동그라미 하세요.

q	c	s	d
n	p	h	w
i	a	e	a
s	f	a	s

단어를 따라 써보세요.

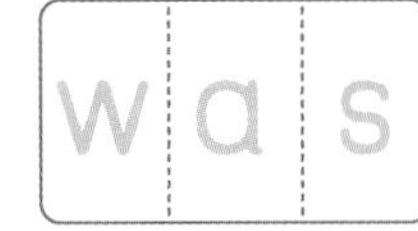

세 번씩 단어를 써보세요.

was

단어를 써서 문장을 완성해보세요.

1 I ________ sick.

2 He ________ happy.

다음 문장을 따라 쓰고 다섯 번 크게 읽어보세요. □□□□□

I was sick.

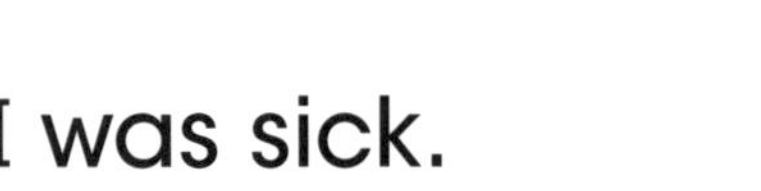

단어를 익혀요 was ~이었다(is 또는 am의 과거형) • went 갔다(go의 과거형) • doctor 의사 • zoo 동물원

went

단어를 찾아 동그라미 하세요.

p	c	i	d
t	j	a	s
w	e	n	t
i	n	c	o

단어를 따라 써보세요.

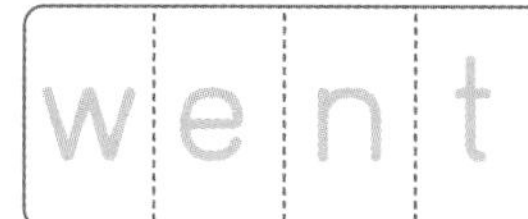

세 번씩 단어를 써보세요.

went

단어를 써서 문장을 완성해보세요.

1 I ________ to the doctor.

2 We ________ to the zoo.

다음 문장을 따라 쓰고 다섯 번 크게 읽어보세요.

I went to the doctor.

문장 해석 I was sick. 나는 아팠어요. • He was happy. 그는 행복했어요. • I went to the doctor. 나는 의사선생님께 갔어요.(나는 병원에 갔어요) • We went to the zoo. 우리는 동물원에 갔어요.

me

단어를 따라 써보세요.

단어를 찾아 동그라미 하세요.

a	n	m	e
n	y	s	e
i	a	o	z
t	m	g	i

세 번씩 단어를 써보세요.

me

단어를 써서 문장을 완성해보세요.

1 He was nice to ________ .

2 My mom loves ________ .

다음 문장을 따라 쓰고 다섯 번 크게 읽어보세요. □□□□□

He was nice to me.

단어를 익혀요 **me** 나에게, 나를 • **nice** 친절한, 잘 대해주는 • **do** 하다

do

단어를 따라 써보세요.

d o d o

단어를 찾아 동그라미 하세요.

d	o	m	z
n	y	s	e
i	a	k	z
t	q	g	i

세 번씩 단어를 써보세요.

do

단어를 써서 문장을 완성해보세요.

1 I can ________ it.

2 ________ it now!

다음 문장을 따라 쓰고 다섯 번 크게 읽어보세요.

I can do it.

문장 해석 He was nice to me. 그는 나에게 친절했어요. • My mom loves me. 우리 엄마는 나를 사랑해요. • I can do it. 나는 (그것을) 할 수 있어요. • Do it now! 지금 하세요!

not

단어를 찾아 동그라미 하세요.

t	c	s	d
n	p	h	e
i	n	o	t
s	f	a	i

단어를 따라 써보세요.

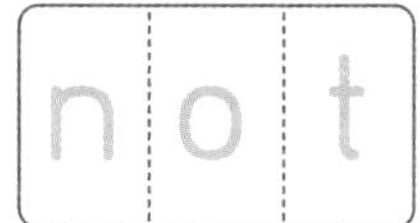

세 번씩 단어를 써보세요.

not

단어를 써서 문장을 완성해보세요.

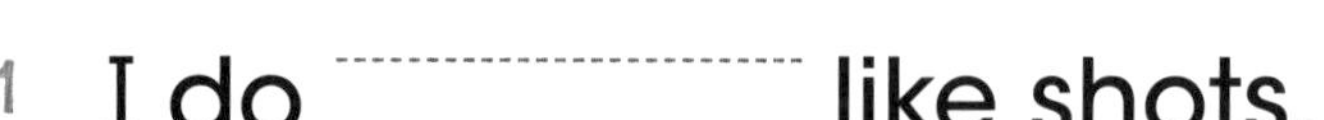

1 I do ________ like shots.

2 It is ________ my toy.

다음 문장을 따라 쓰고 다섯 번 크게 읽어보세요.

I do not like shots.

단어를 익혀요 **not** ~ 아니다 • **shot(s)** 주사(들) • **ran** 달렸다(run의 과거형) • **yesterday** 어제

ran

단어를 찾아 동그라미 하세요.

t	c	s	d
r	a	n	e
i	m	e	y
s	f	a	i

단어를 따라 써보세요.

ran ran

세 번씩 단어를 써보세요.

ran

단어를 써서 문장을 완성해보세요.

1 I ________ yesterday.

2 We ________ at school.

다음 문장을 따라 쓰고 다섯 번 크게 읽어보세요. □□□□□

I ran yesterday.

문장 해석 I do not like shots. 나는 주사가 싫어요. • It is not my toy. 그것은 내 장난감이 아니에요. • I ran yesterday. 나는 어제 달렸어요. • We ran at school. 우리는 학교에서 달렸어요

ate

단어를 찾아 동그라미 하세요.

m	c	s	d
n	p	h	e
i	a	t	e
s	f	a	i

단어를 따라 써보세요.

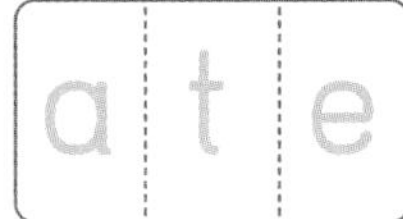
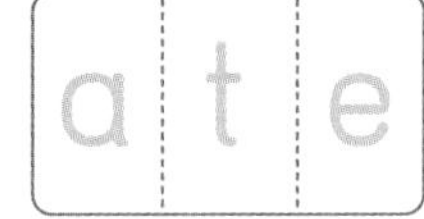

세 번씩 단어를 써보세요.

ate

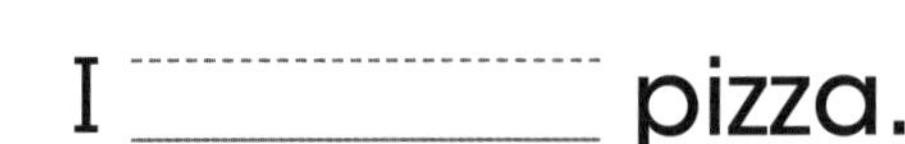

단어를 써서 문장을 완성해보세요.

1 I ________ pizza.

2 We ________ eggs.

다음 문장을 따라 쓰고 다섯 번 크게 읽어보세요.

I ate pizza.

단어를 익혀요 ate 먹었다(eat의 과거형) • saw 보았다(see의 과거형) • zebra 얼룩말

saw

단어를 따라 써보세요.

saw saw

단어를 찾아 동그라미 하세요.

z	c	p	d
n	g	h	e
i	f	e	y
s	a	w	i

세 번씩 단어를 써보세요.

saw

단어를 써서 문장을 완성해보세요.

1 I ________ a zebra.

2 He ________ me.

다음 문장을 따라 쓰고 다섯 번 크게 읽어보세요. □□□□□

I saw a zebra.

문장 해석 I ate pizza. 나는 피자를 먹었어요. • We ate eggs. 우리는 달걀을 먹었어요. • I saw a zebra. 나는 얼룩말을 보았어요. • He saw me. 그는 나를 보았어요.

Read the Story

1

I was sick.

2

I went to the doctor.

문장 해석 ❶ I was sick. 나는 아팠어요. ❷ I went to the doctor. 나는 의사 선생님께 갔어요.
❸ He was nice to me. 의사 선생님은 나에게 친절했어요. ❹ But I do not like shots. 하지만 주사는 싫어요.

He was nice to me.

But I do not like shots.

Write the Story

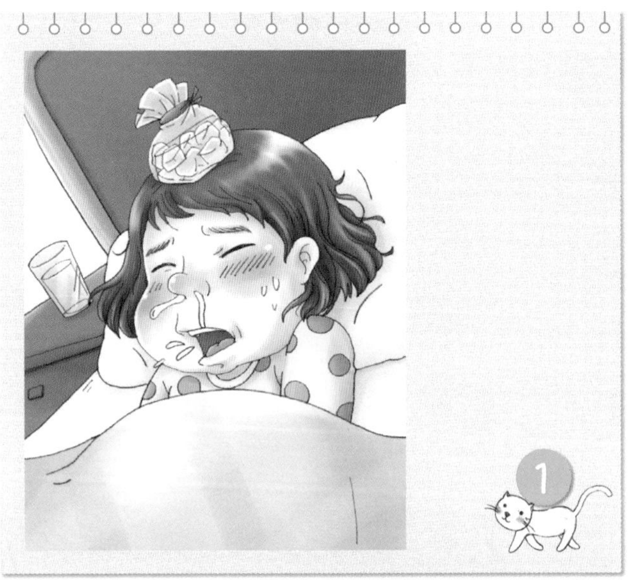
1

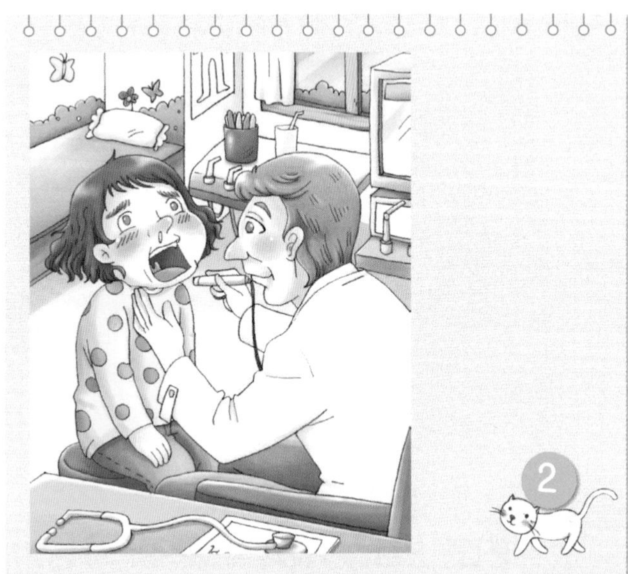
2

3

4

where

단어를 따라 써보세요.

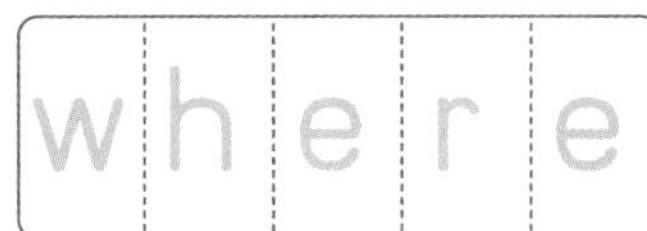

단어를 찾아 동그라미 하세요.

w	p	i	d	n
h	u	n	n	y
e	s	l	y	h
r	t	e	I	u
e	f	g	z	y

세 번씩 단어를 써보세요.

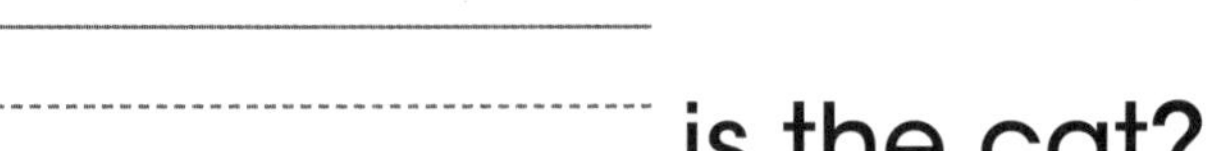

단어를 써서 문장을 완성해보세요.

1 ____________ is the cat?

2 ____________ is Mom?

다음 문장을 따라 쓰고 다섯 번 크게 읽어보세요. 

Where is the cat?

단어를 익혀요 where 어디에 • you 너

you

단어를 따라 써보세요.

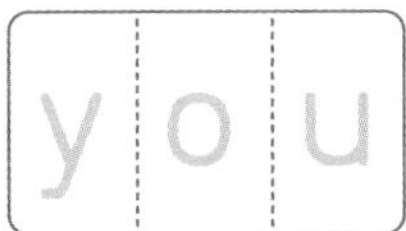

단어를 찾아 동그라미 하세요.

z	c	i	d
n	y	o	u
i	h	l	y
p	m	o	e

세 번씩 단어를 써보세요.

you

단어를 써서 문장을 완성해보세요.

1 Where are ______ ?

2 ______ are my friend.

다음 문장을 따라 쓰고 다섯 번 크게 읽어보세요.

Where are you?

문장 해석 Where is the cat? 고양이는 어디에 있나요? • Where is Mom? 엄마는 어디에 있어요? • Where are you? 너 어디 있니? • You are my friend. 너는 내 친구야.

under

단어를 따라 써보세요.

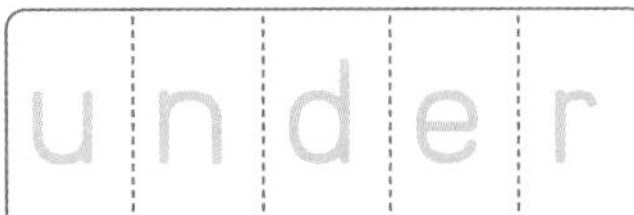

단어를 찾아 동그라미 하세요.

f	p	i	d	n
h	u	v	n	a
i	s	l	y	h
u	n	d	e	r
a	f	g	z	y

세 번씩 단어를 써보세요.

under

단어를 써서 문장을 완성해보세요.

1 The cat is ______________ the bed.

2 He is ______________ the tree.

다음 문장을 따라 쓰고 다섯 번 크게 읽어보세요. □□□□□

The cat is under the bed.

단어를 익혀요 under ~ 아래에, 밑에 • bed 침대 • tree 나무 • blue 파란색의

blue

단어를 찾아 동그라미 하세요.

l	b	i	d
t	l	i	s
o	u	t	w
i	e	a	o

단어를 따라 써보세요.

b l u e b l u e

세 번씩 단어를 써보세요.

blue

단어를 써서 문장을 완성해보세요.

1 It is in the ______ box.

2 My toy car is ______ .

다음 문장을 따라 쓰고 다섯 번 크게 읽어보세요. □□□□□

It is in the blue box.

문장 해석 The cat is under the bed. 고양이는 침대 밑에 있어요. • He is under the tree. 그는 나무 아래에 있어요. • It is in the blue box. 그것은 파란 상자 속에 있어요. • My toy car is blue. 내 장난감 자동차는 파란색이에요.

here

단어를 찾아 동그라미 하세요.

h	e	r	e
t	z	i	s
o	s	t	w
i	n	h	o

단어를 따라 써보세요.

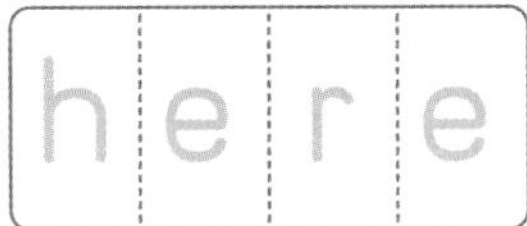

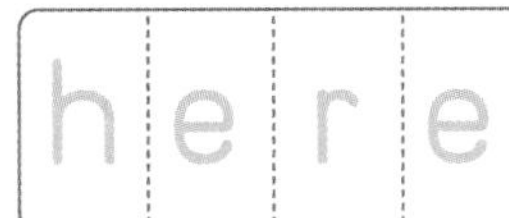

세 번씩 단어를 써보세요.

here

단어를 써서 문장을 완성해보세요.

1 ________ you are!

2 I am ________ .

다음 문장을 따라 쓰고 다섯 번 크게 읽어보세요. □□□□□

Here you are!

단어를 익혀요 here 여기 • ride 타다 • train 기차

ride

단어를 찾아 동그라미 하세요.

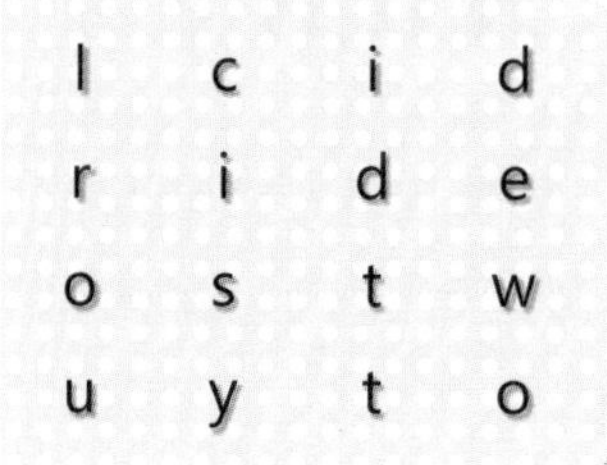

단어를 따라 써보세요.

세 번씩 단어를 써보세요.

ride

단어를 써서 문장을 완성해보세요.

1 I ________ on the bus.

2 I ________ on a train.

다음 문장을 따라 쓰고 다섯 번 크게 읽어보세요. □□□□□

I ride on the bus.

문장 해석 Here you are! 찾았다!(너 여기에 있었구나!) • I am here. 나 여기에 있어요. • I ride on the bus. 나는 버스에 타요. • I ride on a train. 나는 기차에 타요.

angry

단어를 따라 써보세요.

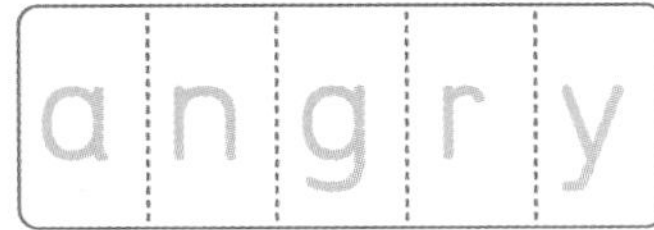

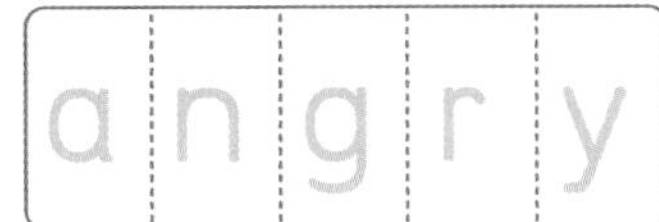

단어를 찾아 동그라미 하세요.

f	p	i	d	n
a	t	n	n	y
i	s	l	y	h
b	t	e	d	q
a	n	g	r	y

세 번씩 단어를 써보세요.

angry

단어를 써서 문장을 완성해보세요.

1 He is ______________ .

2 My mom is ______________ .

다음 문장을 따라 쓰고 다섯 번 크게 읽어보세요. □□□□□

He is angry.

단어를 익혀요 angry 화가 난 • too 너무 • fast 빠른

too

단어를 따라 써보세요.

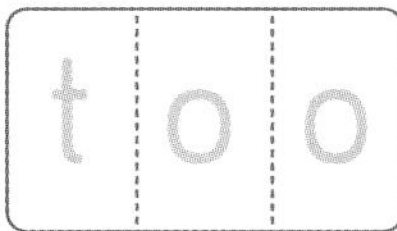
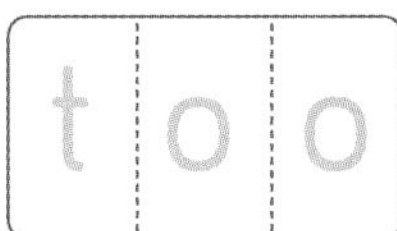

단어를 찾아 동그라미 하세요.

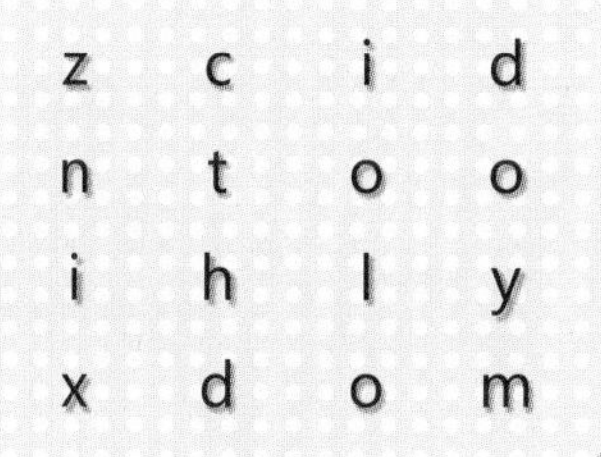

z	c	i	d
n	t	o	o
i	h	l	y
x	d	o	m

세 번씩 단어를 써보세요.

too

단어를 써서 문장을 완성해보세요.

1 It is ________ big.

2 They are ________ fast.

다음 문장을 따라 쓰고 다섯 번 크게 읽어보세요.

It is too big.

문장 해석 He is angry. 그는 화가 났어요. • My mom is angry. 우리 엄마는 화가 났어요. • It is too big. 그것은 너무 커요. • They are too fast. 그들은 너무 빨라요.

Read the Story

1

Where are you?

2

Are you under the bed?

❶ Where are you? 너 어디에 있어? ❷ Are you under the bed? 침대 밑에 있니?
❸ Are you in the blue box? 파란 상자 속에 있니? ❹ Here you are. 찾았다(여기 있구나).

3

Are you in the blue box?

4

Here you are.

Write the Story

1

2

Toy
3

4

little

단어를 따라 써보세요.

l i t t l e

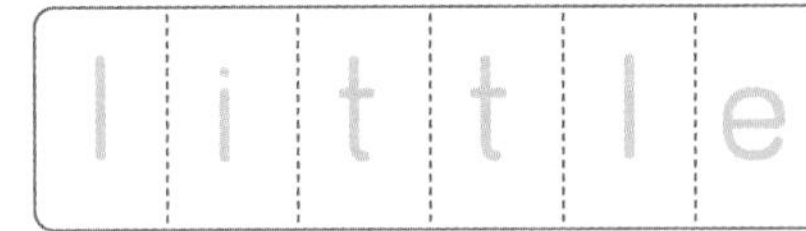

단어를 찾아 동그라미 하세요.

p	l	i	d	n
r	i	e	o	w
i	t	l	y	h
b	t	e	o	m
a	l	g	z	y
r	e	c	s	q

세 번씩 단어를 써보세요.

little

단어를 써서 문장을 완성해보세요.

1 I see a __________ girl.

2 I have a __________ cat.

다음 문장을 따라 쓰고 다섯 번 크게 읽어보세요. □□□□□

I see a little girl.

단어를 익혀요 **little** 작은, 어린 • **girl** 소녀, 여자아이 • **live** 살다 • **den** 굴(곰 등이 사는 굴) • **Seoul** 서울

live

단어를 찾아 동그라미 하세요.

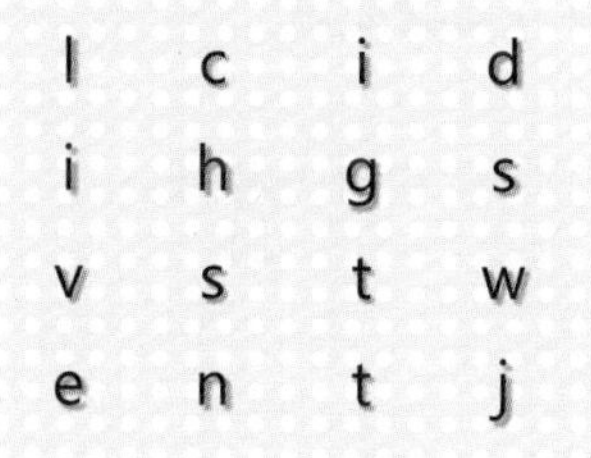

단어를 따라 써보세요.

세 번씩 단어를 써보세요.

live

단어를 써서 문장을 완성해보세요.

1 Bears ______ in a den.

2 We ______ in Seoul.

다음 문장을 따라 쓰고 다섯 번 크게 읽어보세요. □□□□□

Bears live in a den.

문장 해석 I see a little girl. 나는 어린 소녀를 보아요. • I have a little cat. 나는 작은 고양이를 가지고 있어요. • Bears live in a den. 곰들은 굴 속에 살아요. • We live in Seoul. 우리는 서울에 살아요.

had

단어를 찾아 동그라미 하세요.

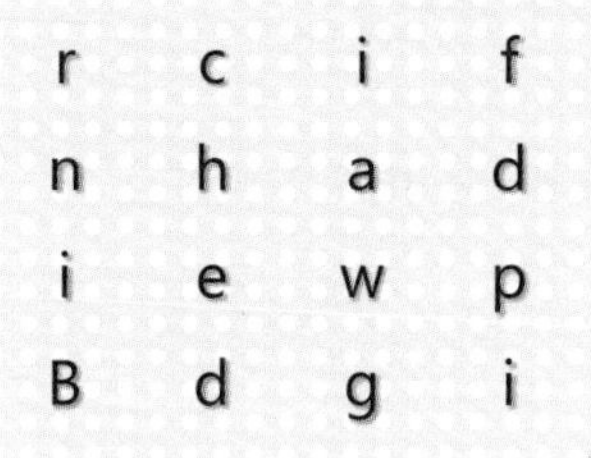

r	c	i	f
n	h	a	d
i	e	w	p
B	d	g	i

단어를 따라 써보세요.

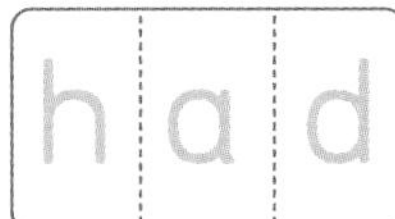

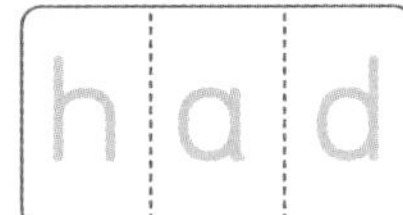

세 번씩 단어를 써보세요.

had

단어를 써서 문장을 완성해보세요.

1 She ________ long hair.

2 I ________ baby teeth.

다음 문장을 따라 쓰고 다섯 번 크게 읽어보세요. 

She had long hair.

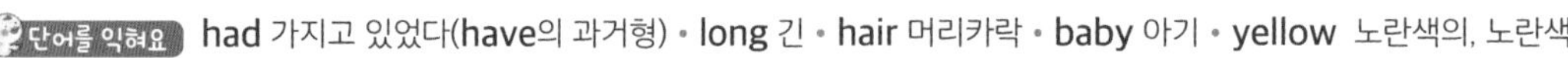

단어를 익혀요 **had** 가지고 있었다(**have**의 과거형) • **long** 긴 • **hair** 머리카락 • **baby** 아기 • **yellow** 노란색의, 노란색

yellow

단어를 따라 써보세요.

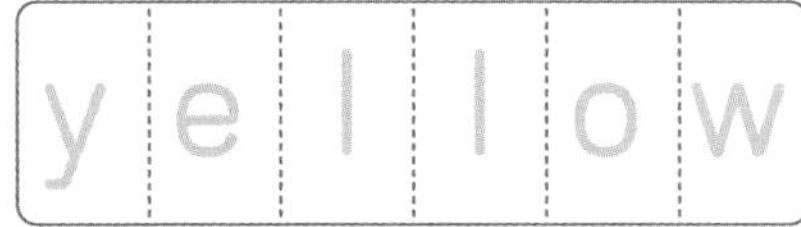
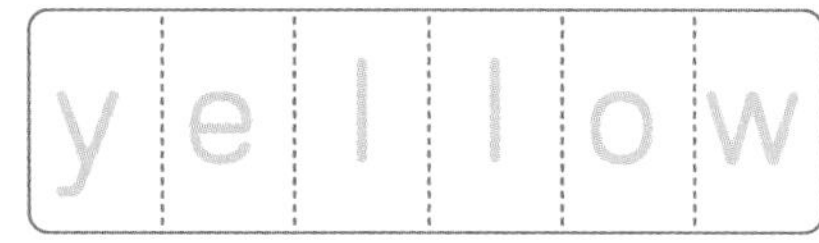

단어를 찾아 동그라미 하세요.

f	p	i	d	n	y
y	e	l	l	o	w
g	s	l	y	h	t
b	t	d	e	I	m
s	a	m	f	g	z

세 번씩 단어를 써보세요.

단어를 써서 문장을 완성해보세요.

1 She has ____________ hair.

2 I like ____________ .

다음 문장을 따라 쓰고 다섯 번 크게 읽어보세요.

She has yellow hair.

문장 해석 She had long hair. 그녀는 머리카락이 길었어요. • I had baby teeth. 나는 젖니를 가지고 있었어요. • She has yellow hair. 그녀는 노란 머리를 가졌어요. • I like yellow. 나는 노란색을 좋아해요.

please

단어를 찾아 동그라미 하세요.

f	p	i	d	n	y
y	t	o	l	o	w
g	s	l	y	h	t
b	t	e	y	m	k
p	l	e	a	s	e

단어를 따라 써보세요.

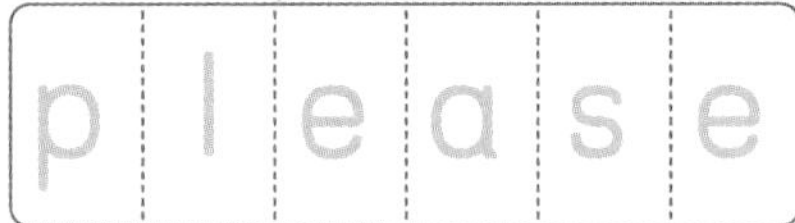

세 번씩 단어를 써보세요.

단어를 써서 문장을 완성해보세요.

1 ______ go now.

2 ______ wait for me.

다음 문장을 따라 쓰고 다섯 번 크게 읽어보세요. □□□□□

Please go now.

단어를 익혀요 please 제발, ~해주세요(부탁할 때 쓰는 말) • wait 기다리다 • help 도와주다

help

단어를 따라 써보세요.

h e l p | h e l p

단어를 찾아 동그라미 하세요.

h	c	i	d
e	h	i	s
l	s	t	w
p	a	k	b

세 번씩 단어를 써보세요.

help

단어를 써서 문장을 완성해보세요.

1 Please ______ me.

2 I ______ my friends.

다음 문장을 따라 쓰고 다섯 번 크게 읽어보세요. □□□□□

Please help me.

문장 해석 Please go now. (제발) 가주세요. • Please wait for me. (제발) 절 기다려 주세요. • Please help me. (제발) 절 도와주세요. • I help my friends. 나는 내 친구들을 도와요.

good

단어를 찾아 동그라미 하세요.

l	c	g	d
t	y	o	s
o	s	o	w
k	a	d	b

단어를 따라 써보세요.

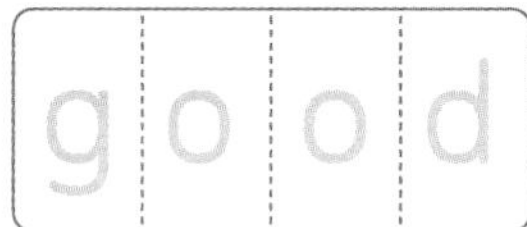
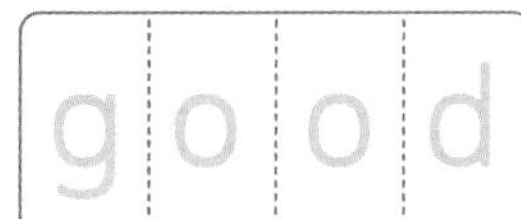

세 번씩 단어를 써보세요.

good

단어를 써서 문장을 완성해보세요.

1 You are a ________ girl.

2 He is a ________ boy.

다음 문장을 따라 쓰고 다섯 번 크게 읽어보세요. □□□□□

You are a good girl.

단어를 익혀요 good 착한, 좋은 • boy 소년 • came 왔다(come의 과거형) • prince 왕자

came

단어를 찾아 동그라미 하세요.

l	c	p	c
d	g	i	a
o	s	t	m
k	a	k	e

단어를 따라 써보세요.

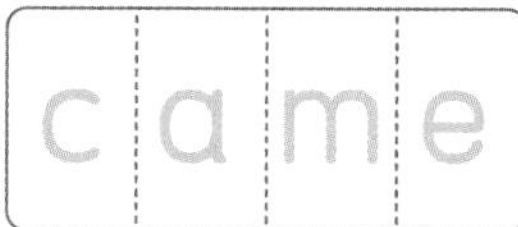

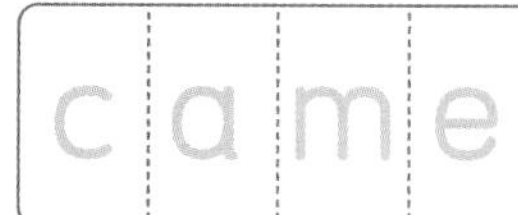

세 번씩 단어를 써보세요.

came

단어를 써서 문장을 완성해보세요.

1 The prince ________ .

2 My friend ________ to me.

다음 문장을 따라 쓰고 다섯 번 크게 읽어보세요.

The prince came.

문장 해석 You are a good girl. 너는 착한 아이(소녀)로구나. • He is a good boy. 그는 착한 아이(소년)예요. • The prince came. 왕자님이 왔어요. • My friend came to me. 내 친구가 나에게 왔어요.

Read the Story

1

Long ago, a little girl lived.

2

She had long yellow hair.

문장 해석 ❶ Long ago, a little girl lived. 옛날에 어린 소녀가 살고 있었어요. ❷ She had long yellow hair. 그녀는 길고 노란 머리칼을 가지고 있었어요. ❸ "Please help me!" she said. "저 좀 도와주세요!"라고 그녀가 말했어요. ❹ The good prince came for her. 그녀를 위해 착한 왕자가 왔어요.

3

"Please help me!" she said.

4

The good prince came for her.

Write the Story

1

2

Please help me!!!!!
3

4

by

알맞은 말을 골라 동그라미 하세요.

단어를 따라 써보세요.

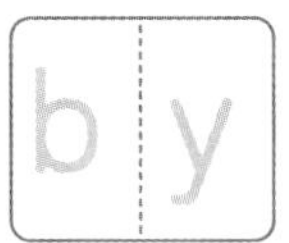

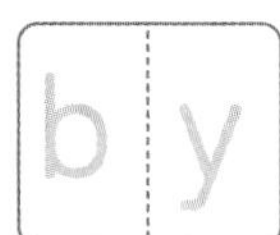

세 번씩 단어를 써보세요.

by

빈칸에 단어를 쓰고 문장을 다섯 번 소리내어 읽어 보세요.

1 I go ________ car.

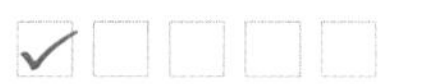

2 We go ________ bus.

아래 단어들을 올바르게 나열하며 문장을 만들어보세요.

정답 I go by car.

단어를 익혀요 by ~으로 • I 나(는) • we 우리(는) • go 가다 • stop 멈추다, 서다 • bus 버스 • car(s) 자동차(들) • they 그들(은) • for ~를 위해 • drink 음료, 마실 것

stop

알맞은 말을 골라 동그라미 하세요.

stap

stop

단어를 따라 써보세요.

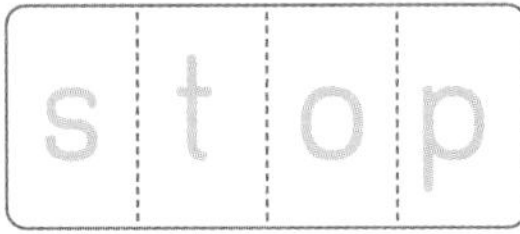
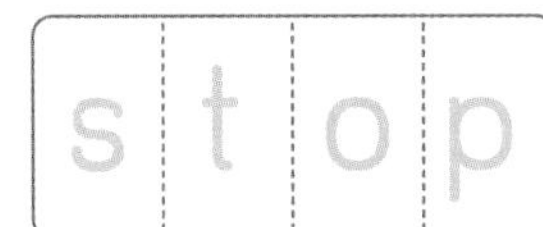

세 번씩 단어를 써보세요.

stop

빈칸에 단어를 쓰고 문장을 다섯 번 소리내어 읽어 보세요.

1 The cars ________ .

2 They ________ for a drink.

아래 단어들을 올바르게 나열하며 문장을 만들어보세요.

The/ stop./ cars

정답 The cars stop.

문장 해석 I go by car. 나는 자동차를 타고 가요. • We go by bus. 우리는 버스를 타고 가요. • The cars stop. 자동차들이 섰어요 • They stop for a drink. 그들은 (음료수를) 마시기 위해 섰어요.

mean

알맞은 말을 골라 동그라미 하세요.

maen

mean

단어를 따라 써보세요.

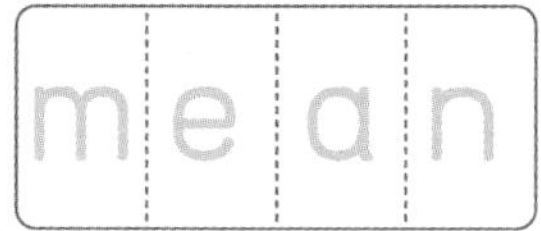

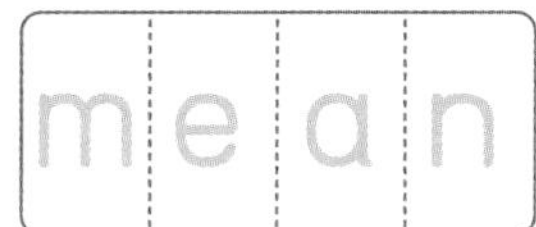

세 번씩 단어를 써보세요.

mean

빈칸에 단어를 쓰고 문장을 다섯 번 소리내어 읽어 보세요.

1 Green ________s go.

2 Red ________s stop.

아래 단어들을 올바르게 나열하며 문장을 만들어보세요.

go./ Green/ means

정답 Green means go.

단어를 익혀요 mean 의미하다 • green 초록색 • red 빨간색 • right 오른쪽 • use 사용하다 • my 나의 • hand 손 • foot 발

right

알맞은 말을 골라 동그라미 하세요.

단어를 따라 써보세요.

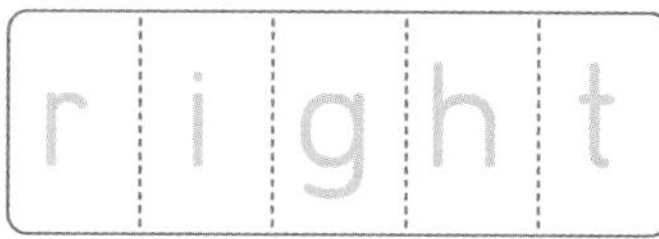

세 번씩 단어를 써보세요.

right

빈칸에 단어를 쓰고 문장을 다섯 번 소리내어 읽어 보세요.

1 I use my ________ hand.

2 I use my ________ foot.

아래 단어들을 올바르게 나열하며 문장을 만들어보세요.

I/ my/ use/ right/ hand.

I use my right hand.

문장 해석 Green means go. 초록색은 가라는 뜻이에요. • Red means stop. 빨간색은 멈추라는 뜻이에요. • I use my right hand. 나는 내 오른손을 사용해요. • I use my right foot. 나는 내 오른발을 사용해요.

turn

알맞은 말을 골라 동그라미 하세요.

단어를 따라 써보세요.

세 번씩 단어를 써보세요.

turn

빈칸에 단어를 쓰고 문장을 다섯 번 소리내어 읽어 보세요.

1 I ______ right.

2 I ______ left.

아래 단어들을 올바르게 나열하며 문장을 만들어보세요.

turn/ I/ right.

정답 I turn right.

단어를 익혀요 turn 돌다 • left 왼쪽 • best 최고의 • dad 아빠 • is ~이다(he, she, it 등의 단수 주어와 쓰임)

best

알맞은 말을 골라 동그라미 하세요.

best   bast

단어를 따라 써보세요.

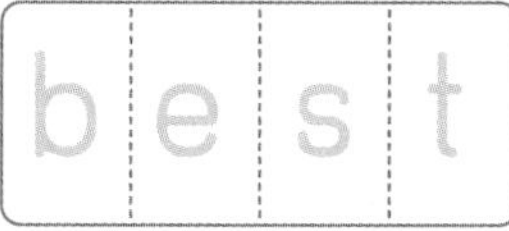

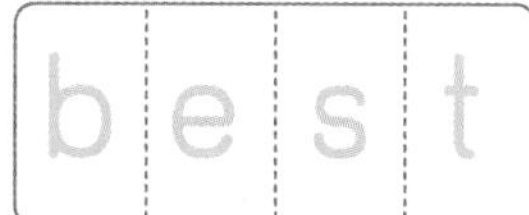

세 번씩 단어를 써보세요.

best

빈칸에 단어를 쓰고 문장을 다섯 번 소리내어 읽어 보세요.

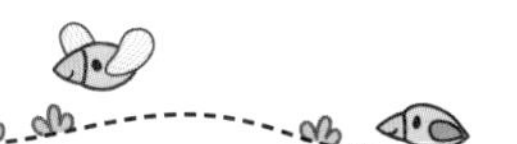

1 I am the ______.

2 My dad is the ______.

아래 단어들을 올바르게 나열하며 문장을 만들어보세요.

I / the/ am/ best.

정답 I am the best.

문장 해석 I turn right. 나는 오른쪽으로 돌아요. • I turn left. 나는 왼쪽으로 돌아요. • I am the best. 나는 최고예요. • My dad is the best. 우리 아빠는 최고예요.

give

알맞은 말을 골라 동그라미 하세요.

단어를 따라 써보세요.

g i v e　g i v e

세 번씩 단어를 써보세요.

give

빈칸에 단어를 쓰고 문장을 다섯 번 소리내어 읽어 보세요.

1 I ________ it to my mom.

2 I ________ it to my friend.

아래 단어들을 올바르게 나열하며 문장을 만들어보세요.

정답 I give it to my mom.

단어를 익혀요 give 주다 • it 그것 • to ~에게 • mom 엄마 • friend 친구 • driver 운전자 • am ~이다(I와 함께 쓰임)

driver

알맞은 말을 골라 동그라미 하세요.

draver driver

단어를 따라 써보세요.

세 번씩 단어를 써보세요.

driver

빈칸에 단어를 쓰고 문장을 다섯 번 소리내어 읽어 보세요.

1 I am the best ________ .

2 My dad is the best ________ .

아래 단어들을 올바르게 나열하며 문장을 만들어보세요.

I am the best driver.

문장 해석 I give it to my mom. 나는 그것을 우리 엄마에게 주어요. • I give it to my friend. 나는 그것을 내 친구에게 주어요. • I am the best driver. 나는 최고의 운전자예요. • My dad is the best driver. 우리 아빠는 최고의 운전자예요.

Read the Story

1

I go by car.
Green means go.

2

Red means stop.

문장 해석 ❶ I go by car. 나는 차를 타고 가요. Green means go. 초록색은 가라는 뜻이에요. ❷ Red means stop. 빨간색은 멈추라는 뜻이에요.
❸ I turn right. 나는 오른쪽으로 돌아요. ❹ I am the best driver! 나는 최고의 운전자예요!

3

I turn right.

4

I am the best driver!

Write the Story

YO 8520
1

YO 3520
2

ICE CREAM
EXIT
YO 3520
3

ICE CREAM 21
OPEN
4

many

알맞은 말을 골라 동그라미 하세요.

many

meny

단어를 따라 써보세요.

m a n y　　m a n y

세 번씩 단어를 써보세요.

many

빈칸에 단어를 쓰고 문장을 다섯 번 소리내어 읽어 보세요.

1 I see ________ crabs.

2 I see ________ animals.

아래 단어들을 올바르게 나열하며 문장을 만들어보세요.

see/ crabs./ I/ many

I see many crabs.

단어를 익혀요 many 많은 • see 보다 • crab(s) 게(들) • animal(s) 동물(들) • zoo 동물원 • want ~하고 싶다, 원하다

ZOO

알맞은 말을 골라 동그라미 하세요.

ZOO SOO

단어를 따라 써보세요.

Z	O	O

Z	O	O

세 번씩 단어를 써보세요.

ZOO

빈칸에 단어를 쓰고 문장을 다섯 번 소리내어 읽어 보세요.

1 I want to go to the ________ .

2 We want to go to the ________ .

아래 단어들을 올바르게 나열하며 문장을 만들어보세요.

I/ to/ go/ want/ to/ the zoo.

정답 I want to go to the zoo.

문장 해석 I see many crabs. 나는 많은 게들을 보아요. • I see many animals. 나는 많은 동물들을 보아요. • I want to go to the zoo. 나는 동물원에 가고 싶어요. • We want to go to the zoo. 우리는 동물원에 가고 싶어요.

slow

알맞은 말을 골라 동그라미 하세요.

단어를 따라 써보세요.

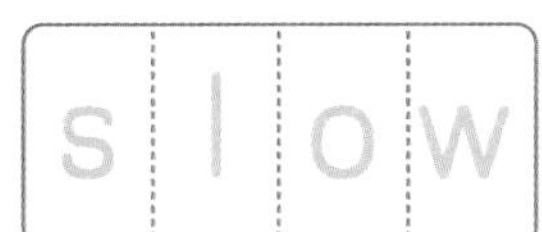

세 번씩 단어를 써보세요.

slow

빈칸에 단어를 쓰고 문장을 다섯 번 소리내어 읽어 보세요.

1 A panda is ________ .

2 A worm is ________ .

아래 단어들을 올바르게 나열하며 문장을 만들어보세요.

A panda / slow. / is

정답 A panda is slow.

단어를 익혀요 slow 느린 • panda 판다 • worm 벌레 • slower 더 느린 • turtle 거북이 • snail 달팽이

slower

알맞은 말을 골라 동그라미 하세요.

slower　slowr

단어를 따라 써보세요.

s l o w e r

세 번씩 단어를 써보세요.

slower

빈칸에 단어를 쓰고 문장을 다섯 번 소리내어 읽어 보세요.

1 A turtle is ______________ .

2 A snail is ______________ .

아래 단어들을 올바르게 나열하며 문장을 만들어보세요.

A turtle / slower. / is

A turtle is slower.

문장 해석 A panda is slow. 판다는 느려요. • A worm is slow. 벌레는 느려요. • A turtle is slower. 거북이가 더 느려요. • A snail is slower. 달팽이가 더 느려요.

fast

알맞은 말을 골라 동그라미 하세요.

fest

fast

단어를 따라 써보세요.

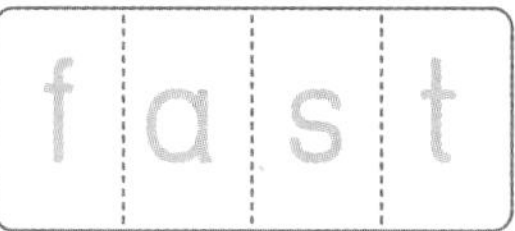

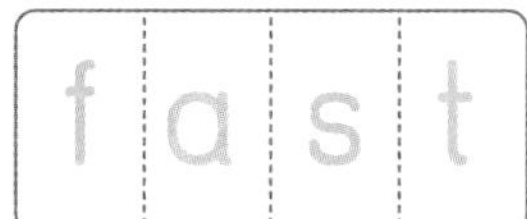

세 번씩 단어를 써보세요.

fast

빈칸에 단어를 쓰고 문장을 다섯 번 소리내어 읽어 보세요.

1 A zebra is ______ .

2 A horse is ______ .

아래 단어들을 올바르게 나열하며 문장을 만들어보세요.

is/ A zebra/ fast.

정답 A zebra is fast.

단어를 익혀요 fast 빠른 • zebra 얼룩말 • horse 말 • faster 더 빠른 • cheetah 치타 • lion 사자

faster

알맞은 말을 골라 동그라미 하세요.

단어를 따라 써보세요.

세 번씩 단어를 써보세요.

faster

빈칸에 단어를 쓰고 문장을 다섯 번 소리내어 읽어 보세요.

1 A cheetah is ______________ .

2 A lion is ______________ .

아래 단어들을 올바르게 나열하며 문장을 만들어보세요.

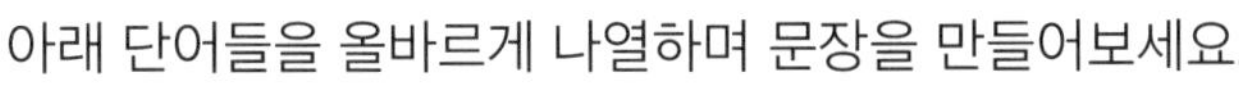

faster. / is / A cheetah

정답 A cheetah is faster.

문장 해석 A zebra is fast. 얼룩말은 빨라요. • A horse is fast. 말은 빨라요. • A cheetah is faster. 치타가 더 빨라요. • A lion is faster. 사자가 더 빨라요.

winner

알맞은 말을 골라 동그라미 하세요.

단어를 따라 써보세요.

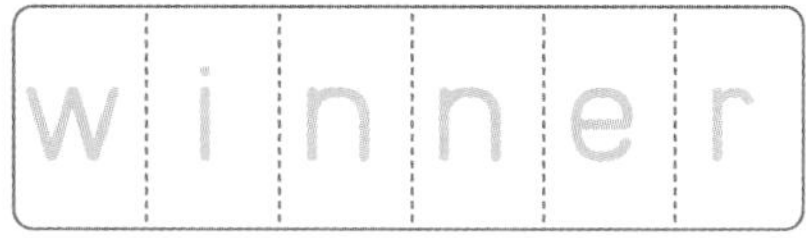

세 번씩 단어를 써보세요.

winner

빈칸에 단어를 쓰고 문장을 다섯 번 소리내어 읽어 보세요.

1 The turtle is the ____________ .

2 I am the ____________ .

아래 단어들을 올바르게 나열하며 문장을 만들어보세요.

is / The turtle / the winner.

 The turtle is the winner.

단어를 익혀요 winner 승자, 이긴 사람 • work 일하다 • ant(s) 개미(들) • hard 열심히 • bee(s) 벌(들)

work

알맞은 말을 골라 동그라미 하세요.

단어를 따라 써보세요.

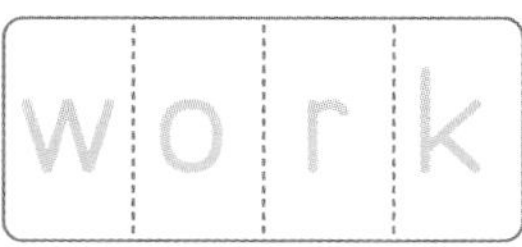

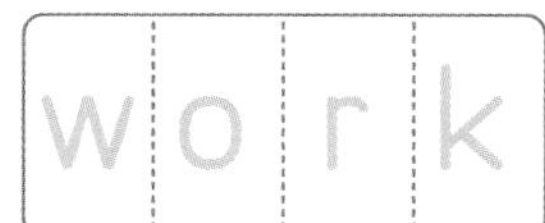

세 번씩 단어를 써보세요.

work

빈칸에 단어를 쓰고 문장을 다섯 번 소리내어 읽어 보세요.

1 Ants ________ hard.

2 Bees ________ hard.

아래 단어들을 올바르게 나열하며 문장을 만들어보세요.

hard./ Ants/ work

정답 Ants work hard.

문장 해석 The turtle is the winner. 거북이가 이겼어요. • I am the winner. 내가 이겼어요. • Ants work hard. 개미들은 열심히 일해요. • Bees work hard. 벌들은 열심히 일해요.

UNIT 42

Read the Story

1

I see many animals.

2

A panda is slow.
A snail is slower.

문장 해석 ❶ I see many animals. 나는 많은 동물들을 보아요. ❷ A panda is slow. 판다는 느려요. A snail is slower. 달팽이는 더 느려요. ❸ A zebra is fast. 얼룩말은 빨라요. A cheetah is faster. 치타는 더 빨라요. ❹ But the turtle is the winner. 하지만 거북이가 이겼어요.

3

A zebra is fast.
A cheetah is faster.

4

But the turtle
is the winner!

2

4

school

알맞은 말을 골라 동그라미 하세요.

단어를 따라 써보세요.

s c h o o l

세 번씩 단어를 써보세요.

school

빈칸에 단어를 쓰고 문장을 다섯 번 소리내어 읽어 보세요.

1 They go to ____________ .

2 I go to ____________ .

아래 단어들을 올바르게 나열하며 문장을 만들어보세요.

They/ to/ go/ school.

단어를 익혀요 school 학교 • night 밤 • sleep 자다 • at ~에서 • owl(s) 부엉이(들) • play 놀다

night

알맞은 말을 골라 동그라미 하세요.

단어를 따라 써보세요.

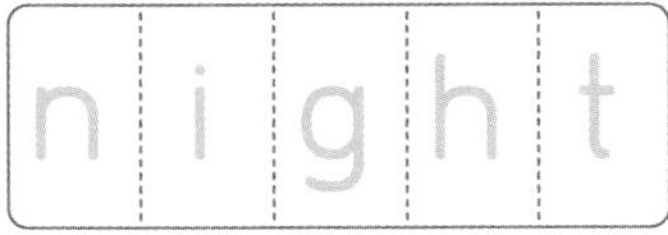

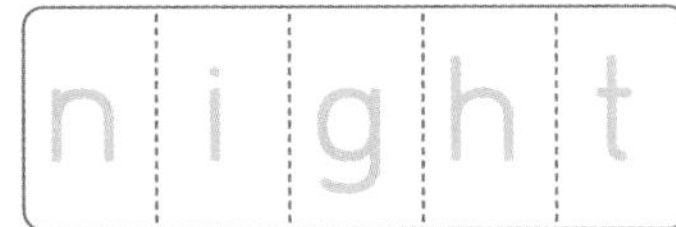

세 번씩 단어를 써보세요.

night

빈칸에 단어를 쓰고 문장을 다섯 번 소리내어 읽어 보세요.

1 I sleep at ______ .

2 Owls play at ______ .

아래 단어들을 올바르게 나열하며 문장을 만들어보세요.

sleep/ I/ at/ night.

I sleep at night.

문장 해석 They go to school. 그들은 학교에 가요(다녀요). • I go to school. 나는 학교에 가요(다녀요). • I sleep at night. 나는 밤에 잠을 자요. • Owls play at night. 부엉이들은 밤에 놀아요.

teacher

알맞은 말을 골라 동그라미 하세요.

단어를 따라 써보세요.

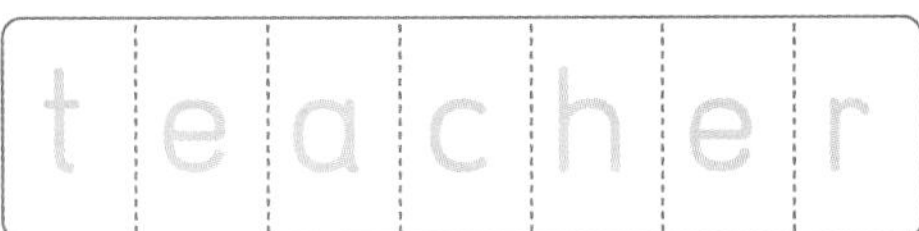

세 번씩 단어를 써보세요.

teacher

빈칸에 단어를 쓰고 문장을 다섯 번 소리내어 읽어 보세요.

1 I want to be a ________ .

2 She wants to be a ________ .

아래 단어들을 올바르게 나열하며 문장을 만들어보세요.

a teacher./ I/ want/ to/ be

I want to be a teacher.

단어를 익혀요 teacher 선생님 • be ~이 되다 • she 그녀(는) • read 읽다 • like 좋아하다

read

단어를 따라 써보세요.

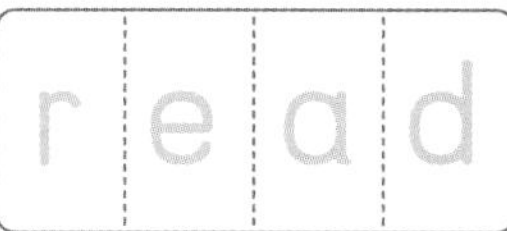

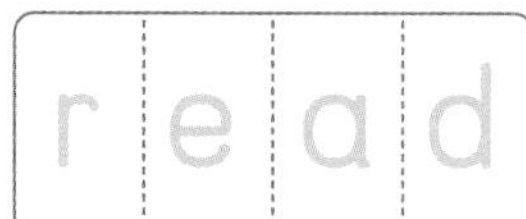

알맞은 말을 골라 동그라미 하세요.

세 번씩 단어를 써보세요.

read

빈칸에 단어를 쓰고 문장을 다섯 번 소리내어 읽어 보세요.

1 I like to ______ .

2 We like to ______ .

아래 단어들을 올바르게 나열하며 문장을 만들어보세요.

I/ read./ like/ to

I like to read.

문장 해석 I want to be a teacher. 나는 선생님이 되고 싶어요. • She wants to be a teacher. 그녀는 선생님이 되고 싶어해요. • I like to read. 나는 읽는 것을 좋아해요. • We like to read. 우리는 읽는 것을 좋아해요.

write

알맞은 말을 골라 동그라미 하세요.

wite

write

단어를 따라 써보세요.

w	r	i	t	e

w	r	i	t	e

세 번씩 단어를 써보세요.

write

빈칸에 단어를 쓰고 문장을 다섯 번 소리내어 읽어 보세요.

1 They ______ at school.

2 I ______ at home.

아래 단어들을 올바르게 나열하며 문장을 만들어보세요.

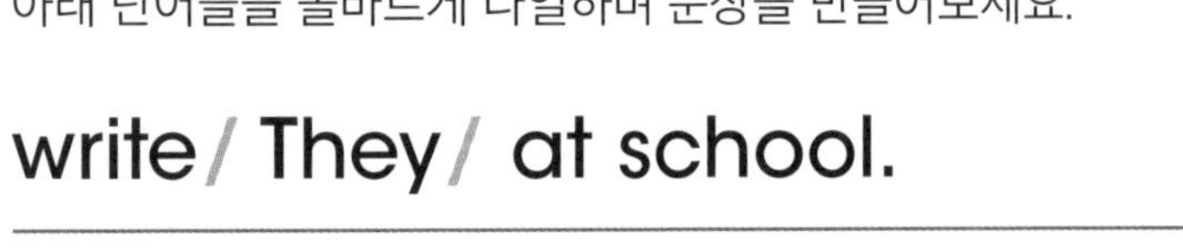
write/ They/ at school.

정답 They write at school.

단어를 익혀요 write 쓰다 • home 집 • their 그들의 • house 집(건물)

their

알맞은 말을 골라 동그라미 하세요.

단어를 따라 써보세요.

세 번씩 단어를 써보세요.

their

빈칸에 단어를 쓰고 문장을 다섯 번 소리내어 읽어 보세요.

1 It is ______ house.

2 It is ______ car.

아래 단어들을 올바르게 나열하며 문장을 만들어보세요.

their/ It/ is/ house.

정답 It is their house.

문장 해석 They write at school. 그들은 학교에서 (글을) 써요. • I write at home. 나는 집에서 (글을) 써요. • It is their house. 그것은 그들의 집이에요. • It is their car. 그것은 그들의 자동차예요.

favorite

알맞은 말을 골라 동그라미 하세요.

단어를 따라 써보세요.

f a v o r i t e

세 번씩 단어를 써보세요.

favorite

빈칸에 단어를 쓰고 문장을 다섯 번 소리내어 읽어 보세요.

1 My ________ food is pizza.

2 My ________ toy is a robot.

아래 단어들을 올바르게 나열하며 문장을 만들어보세요.

My/ food/ favorite/ is/ pizza.

My favorite food is pizza.

단어를 익혀요 favorite 좋아하는 • food 음식 • pizza 피자 • toy 장난감 • robot 로봇 • hide 숨다 • in ~안에 • box 상자 • under ~아래에, ~밑에 • desk 책상

hide

단어를 따라 써보세요.

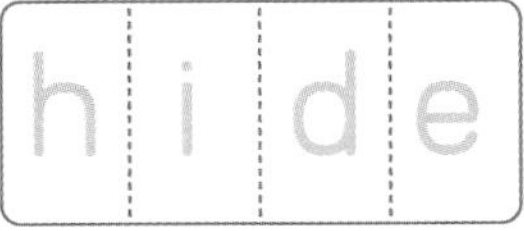

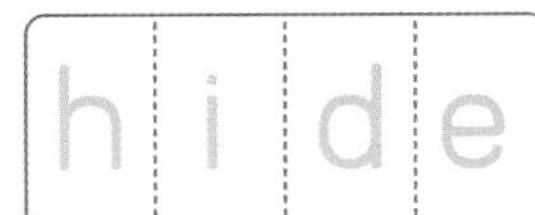

알맞은 말을 골라 동그라미 하세요.

세 번씩 단어를 써보세요.

hide

빈칸에 단어를 쓰고 문장을 다섯 번 소리내어 읽어 보세요.

1 We ________ in the box.

2 We ________ under the desk.

아래 단어들을 올바르게 나열하며 문장을 만들어보세요.

We hide in the box.

문장 해석 My favorite food is pizza. 내가 좋아하는 음식은 피자예요. • My favorite toy is a robot. 내가 좋아하는 장난감은 로봇이에요. • We hide under the desk. 우리는 책상 밑에 숨어요. • We hide in the box. 우리는 상자 속에 숨어요.

UNIT 45

Read the Story

1

They go to school at night.

2

The owl is the teacher.

 문장 해석 ① They go to school at night. 그들은 밤에 학교에 가요. ② The owl is the teacher. 부엉이가 선생님이에요.
③ They read and write at school. 그들은 학교에서 읽기와 쓰기를 해요.
④ Their favorite game is hide-and-seek. 그들이 좋아하는 놀이는 술래잡기예요.

They read and write at school.

Their favorite game is hide-and-seek.

Write the Story

love

알맞은 말을 골라 동그라미 하세요.

love luve

단어를 따라 써보세요.

세 번씩 단어를 써보세요.

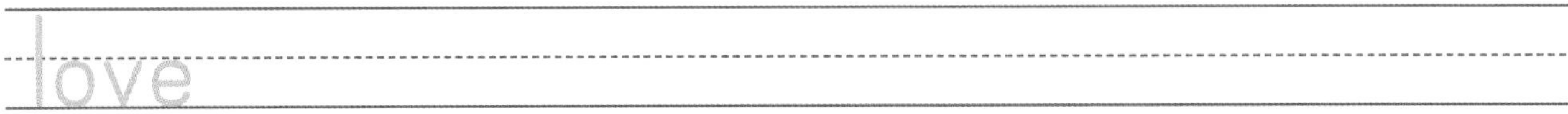

빈칸에 단어를 쓰고 문장을 다섯 번 소리내어 읽어 보세요.

1 I ________ my pet.

2 I ________ my toys.

아래 단어들을 올바르게 나열하며 문장을 만들어보세요.

pet./ I/ love/ my

정답 I love my pet.

단어를 익혀요 love 사랑하다 • pet 애완동물 • wash 씻다 • face 얼굴

wash

알맞은 말을 골라 동그라미 하세요.

단어를 따라 써보세요.

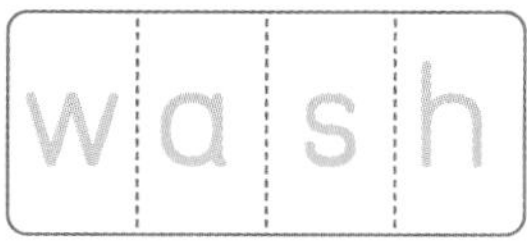

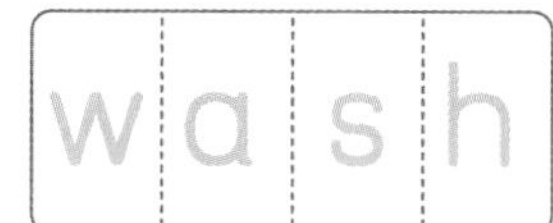

세 번씩 단어를 써보세요.

wash

빈칸에 단어를 쓰고 문장을 다섯 번 소리내어 읽어 보세요.

1 I ________ my hands.

2 I ________ my face.

아래 단어들을 올바르게 나열하며 문장을 만들어보세요.

I/ my/ hands./ wash

정답 I wash my hands.

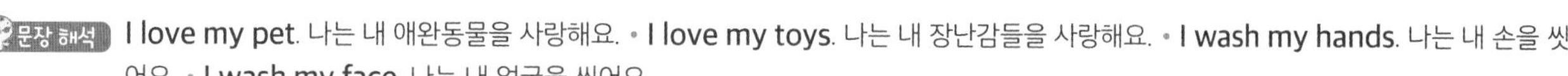

문장 해석 I love my pet. 나는 내 애완동물을 사랑해요. • I love my toys. 나는 내 장난감들을 사랑해요. • I wash my hands. 나는 내 손을 씻어요. • I wash my face. 나는 내 얼굴을 씻어요.

his

알맞은 말을 골라 동그라미 하세요.

단어를 따라 써보세요.

세 번씩 단어를 써보세요.

his

빈칸에 단어를 쓰고 문장을 다섯 번 소리내어 읽어 보세요.

1 I look at ________ face.

2 I look at ________ watch.

아래 단어들을 올바르게 나열하며 문장을 만들어보세요.

look/ his/ at/ I/ face.

정답 I look at his face.

단어를 익혀요 his 그의 • look 보다 • watch 손목시계 • himself 그 스스로(혼자서) • by ~에 의해

himself

알맞은 말을 골라 동그라미 하세요.

단어를 따라 써보세요.

h i m s e l f

세 번씩 단어를 써보세요.

himself

빈칸에 단어를 쓰고 문장을 다섯 번 소리내어 읽어 보세요.

1 He washes by ________ .

2 He lives by ________ .

아래 단어들을 올바르게 나열하며 문장을 만들어보세요.

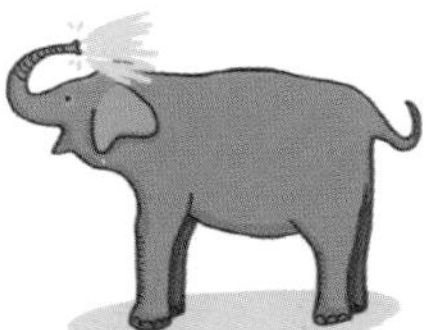

He/ by/ washes/ himself.

 He washes by himself.

문장 해석 I look at his face. 나는 그의 얼굴을 보아요. • I look at his watch. 나는 그의 손목시계를 보아요. • He washes by himself. 그는 스스로 씻어요. • He lives by himself. 그는 혼자 살아요.

from

알맞은 말을 골라 동그라미 하세요.

단어를 따라 써보세요.

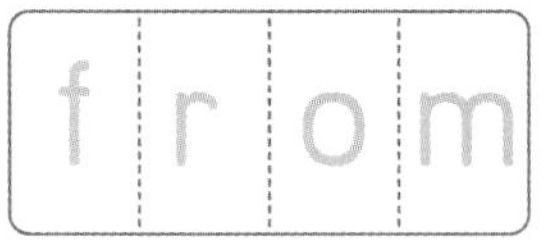

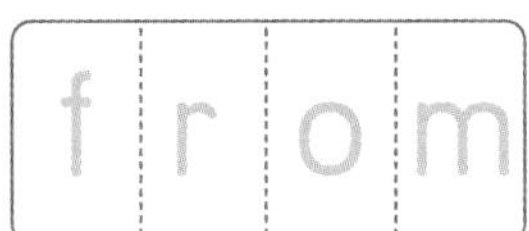

세 번씩 단어를 써보세요.

from

빈칸에 단어를 쓰고 문장을 다섯 번 소리내어 읽어 보세요.

1 I can jump __________ the bed.

2 Kitty can jump __________ the window.

아래 단어들을 올바르게 나열하며 문장을 만들어보세요.

정답 I can jump from the bed.

단어를 익혀요 from ~으로부터 • can ~할 수 있다 • jump (팔짝) 뛰다 • bed 침대 • window 창문 • sing 노래하다 • dance 춤추다

sing

알맞은 말을 골라 동그라미 하세요.

sing

seng

단어를 따라 써보세요.

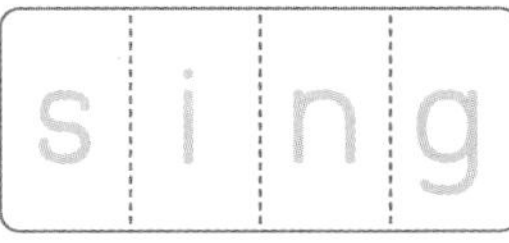

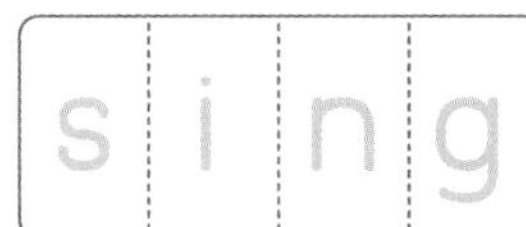

세 번씩 단어를 써보세요.

sing

빈칸에 단어를 쓰고 문장을 다섯 번 소리내어 읽어 보세요.

1 I like to ________ .

2 I like to ________ and dance.

아래 단어들을 올바르게 나열하며 문장을 만들어보세요.

like/ to/ sing./ I

정답 I like to sing.

문장 해석 I can jump from the bed. 나는 침대에서 뛸 수 있어요. • Kitty can jump from the window. 키티(야옹이)는 창문에서 뛸 수 있어요. • I like to sing. 나는 노래하는 것을 좋아해요. • I like to sing and dance. 나는 노래하고 춤추는 것을 좋아해요.

sleep

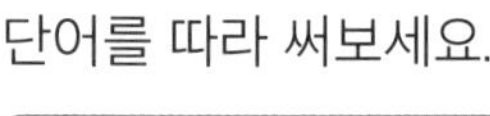

단어를 따라 써보세요.

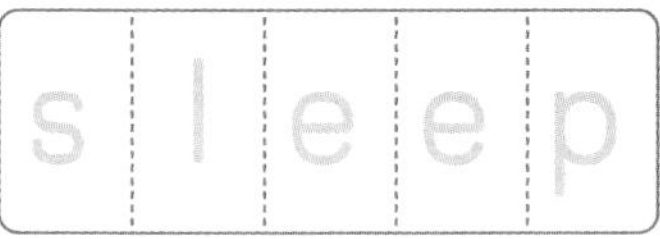

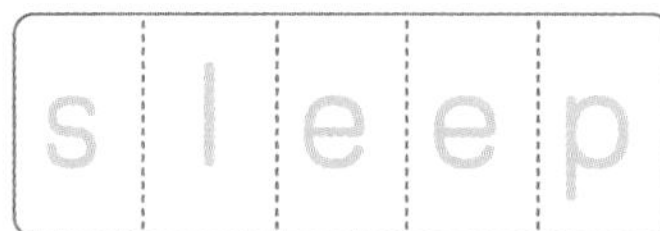

알맞은 말을 골라 동그라미 하세요.

세 번씩 단어를 써보세요.

sleep

빈칸에 단어를 쓰고 문장을 다섯 번 소리내어 읽어 보세요.

1 They __________ in a den.

2 We __________ on the bed.

아래 단어들을 올바르게 나열하며 문장을 만들어보세요.

sleep / They / in / a den.

정답 They sleep in a den.

단어를 익혀요 sleep 자다 • on ~ 위에 • den 굴 • bed 침대 • together 함께

together

알맞은 말을 골라 동그라미 하세요.

단어를 따라 써보세요.

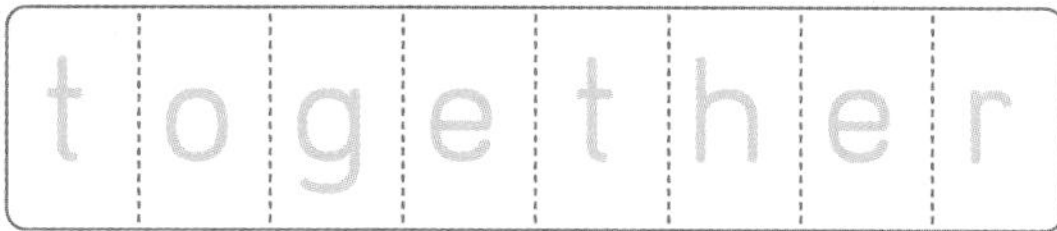

세 번씩 단어를 써보세요.

together

빈칸에 단어를 쓰고 문장을 다섯 번 소리내어 읽어 보세요.

1 We sing ______________ .

2 We play ______________ .

아래 단어들을 올바르게 나열하며 문장을 만들어보세요.

We sing together.

문장 해석 They sleep in a den. 그들은 굴 속에서 자요. • We sleep on the bed. 우리는 침대 위에서 자요. • We sing together. 우리는 함께 노래해요. • We play together. 우리는 함께 놀아요.

Read the Story

1

I love my pet, Kitty.

2

Kitty washes his face by himself.

문장 해석 ❶ I love my pet, Kitty. 나는 내 애완동물 키티를 사랑해요. ❷ Kitty washes his face by himself. 키티는 혼자서 세수를 해요.
❸ Kitty can jump from the window. 키티는 창문에서 뛸 수 있어요.
❹ We play, sing, and sleep together. 우리는 함께 놀고, 노래하고, 잠자요.

3

Kitty can jump from the window.

4

We play, sing, and sleep together.

Write the Story

1

4

eight

알맞은 말을 골라 동그라미 하세요.

eight　　eght

단어를 따라 써보세요.

e	i	g	h	t

e	i	g	h	t

세 번씩 단어를 써보세요.

eight

빈칸에 단어를 쓰고 문장을 다섯 번 소리내어 읽어 보세요.

1 I see ________ bugs.

2 I see ________ turtles.

아래 단어들을 올바르게 나열하며 문장을 만들어보세요.

bugs./ I/ see/ eight

정답 | I see eight bugs.

단어를 익혀요 eight 여덟의 • bug(s) 벌레(들), 작은 곤충(들) • children 아이들(child의 복수형) • there are ~ 이 있다 • a few 조금

children

알맞은 말을 골라 동그라미 하세요.

단어를 따라 써보세요.

세 번씩 단어를 써보세요.

children

빈칸에 단어를 쓰고 문장을 다섯 번 소리내어 읽어 보세요.

1 There are a few ______________ .

2 There are many ______________ .

아래 단어들을 올바르게 나열하며 문장을 만들어보세요.

____

There are a few children.

문장 해석 I see eight bugs. 나는 벌레 여덟 마리를 보아요. • I see eight turtles. 나는 거북이 여덟 마리를 보아요. • There are a few children. 아이들이 조금 있어요. • There are many children. 아이들이 많이 있어요.

same

알맞은 말을 골라 동그라미 하세요.

same

saim

단어를 따라 써보세요.

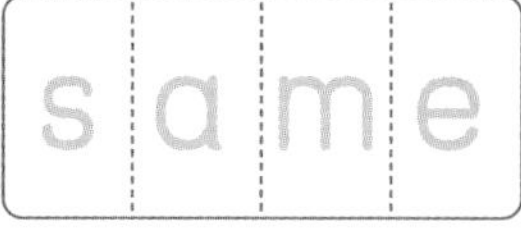

세 번씩 단어를 써보세요.

same

빈칸에 단어를 쓰고 문장을 다섯 번 소리내어 읽어 보세요.

1 We go to the ________ school.

2 They go to the ________ school.

아래 단어들을 올바르게 나열하며 문장을 만들어보세요.

We/ the same/ go/ to/ school.

정답 We go to the same school.

단어를 익혀요 same 똑 같은 • every 모든, ~마다 • jump rope 줄넘기(하다)

every

알맞은 말을 골라 동그라미 하세요.

단어를 따라 써보세요.

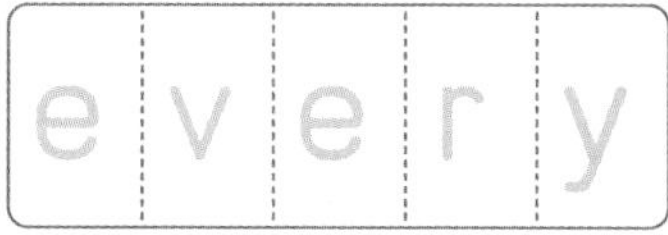

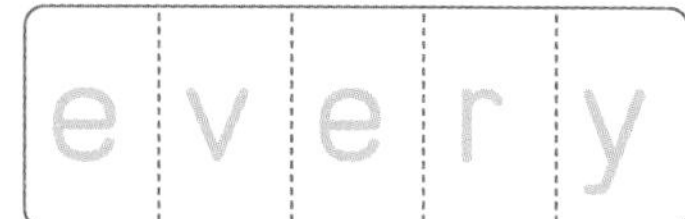

세 번씩 단어를 써보세요.

every

빈칸에 단어를 쓰고 문장을 다섯 번 소리내어 읽어 보세요.

1 We jump rope ________ day.

2 We play ________ day.

아래 단어들을 올바르게 나열하며 문장을 만들어보세요.

jump rope/ every/ day./ We

We jump rope every day.

문장 해석 We go to the same school. 우리는 같은 학교에 다녀요. • They go to the same school. 그들은 같은 학교에 다녀요. • We jump rope every day. 우리는 날마다 줄넘기를 해요. • We play every day. 우리는 날마다 놀아요.

before

알맞은 말을 골라 동그라미 하세요.

단어를 따라 써보세요.

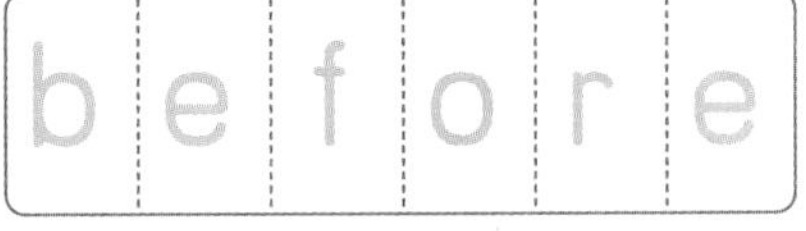

세 번씩 단어를 써보세요.

before

빈칸에 단어를 쓰고 문장을 다섯 번 소리내어 읽어 보세요.

1 I wash my hands ________ eating.

2 We wash our hands ________ eating.

아래 단어들을 올바르게 나열하며 문장을 만들어보세요.

I/ before/ wash/ my hands/ eating.

정답 I wash my hands before eating.

단어를 익혀요 before ~ 전에 • eating 먹기 • sad 슬픈 • very 매우, 정말 • grandma 할머니

sad

알맞은 말을 골라 동그라미 하세요.

sed sad

단어를 따라 써보세요.

sad sad

세 번씩 단어를 써보세요.

sad

빈칸에 단어를 쓰고 문장을 다섯 번 소리내어 읽어 보세요.

1 I am very ________ .

2 My grandma is ________ .

아래 단어들을 올바르게 나열하며 문장을 만들어보세요.

am/ sad./ very/ I

정답 I am very sad.

문장 해석 I wash my hands before eating. 나는 먹기 전에 손을 씻어요. • We wash our hands before eating. 우리는 먹기 전에 손을 씻어요. • I am very sad. 나는 정말 슬퍼요. • My grandma is sad. 우리 할머니는 슬퍼요.

keep

알맞은 말을 골라 동그라미 하세요.

단어를 따라 써보세요.

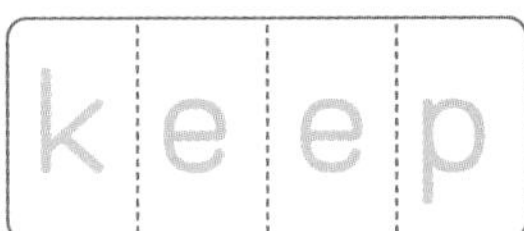

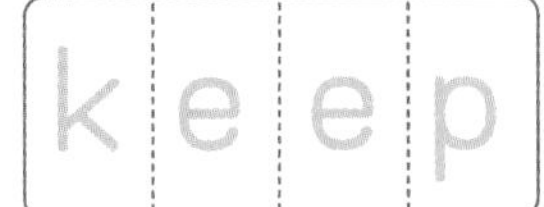

세 번씩 단어를 써보세요.

keep

빈칸에 단어를 쓰고 문장을 다섯 번 소리내어 읽어 보세요.

1 I ________ my toys in the box.

2 I ________ my toys in the bag.

아래 단어들을 올바르게 나열하며 문장을 만들어보세요.

정답 I keep my toys in the box.

단어를 익혀요 **keep** 가지고 있다, 보관하다 • **bag** 가방 • **lesson** 수업 • **ballet** 발레 • **violin** 바이올린

lesson

알맞은 말을 골라 동그라미 하세요.

단어를 따라 써보세요.

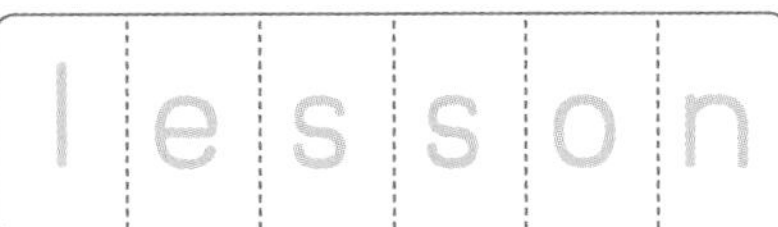

세 번씩 단어를 써보세요.

lesson

빈칸에 단어를 쓰고 문장을 다섯 번 소리내어 읽어 보세요.

1 I go to ballet ______ s.

2 I go to violin ______ s.

아래 단어들을 올바르게 나열하며 문장을 만들어보세요.

go/ to/ lessons./ I/ ballet

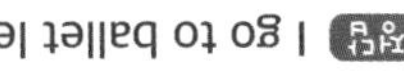

문장 해석 I keep my toys in the box. 나는 내 장난감들을 상자 속에 보관해요. • I keep my toys in the bag. 나는 내 장난감들을 가방 속에 보관해요. • I go to ballet lessons. 나는 발레 수업에 가요. • I go to violin lessons. 난 바이올린 수업에 가요.

Read the Story

1

After school, I go to taekwondo classes.

2

There are eight children.
We all go to the same school.

① After school, I go to taekwondo classes. 학교가 끝나면, 나는 태권도 수업에 가요

② There are eight children. 여덟 명의 아이들이 있어요. We all go to the same school. 우리는 모두 같은 학교에 다녀요.

③ We jump rope before the lesson every day. 우리는 날마다 수업 전에 줄넘기를 해요.

④ I like my coach. 나는 우리 코치님이 좋아요. I like my taekwondo class. 나는 태권도 수업이 좋아요.

3

We jump rope before
the lesson every day.

4

I like my coach.
I like my taekwondo class.

Write the Story

1

3
TAEKWONDO

4

your

알맞은 말을 골라 동그라미 하세요.

단어를 따라 써보세요.

세 번씩 단어를 써보세요.

your

빈칸에 단어를 쓰고 문장을 다섯 번 소리내어 읽어 보세요.

1 What is ________ favorite food?

2 What is ________ favorite toy?

아래 단어들을 올바르게 나열하며 문장을 만들어보세요.

What/ favorite/ is/ food?/ your

정답 What is your favorite food?

단어를 익혀요 **your** 너의 • **what** 무엇 • **how** 어떤, 어떻게 • **are** ~이다(**you**나 복수 주어 **they**, **we**와 함께 쓰임) • **weather** 날씨

how

단어를 따라 써보세요.

알맞은 말을 골라 동그라미 하세요.

세 번씩 단어를 써보세요.

how

빈칸에 단어를 쓰고 문장을 다섯 번 소리내어 읽어 보세요.

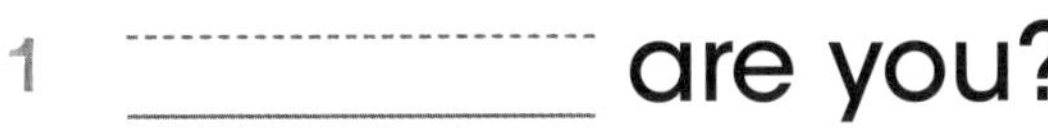

1 ________ are you?

2 ________ is the weather?

아래 단어들을 올바르게 나열하며 문장을 만들어보세요.

are / How / you?

 How are you?

문장 해석 What is your favorite food? 네가 좋아하는 음식은 뭐니? • What is your favorite toy? 네가 좋아하는 장난감은 뭐니? • How are you? 잘 지내니? • How is the weather? 날씨가 어때?

about

알맞은 말을 골라 동그라미 하세요.

about

abot

단어를 따라 써보세요.

a b o u t   a b o u t

세 번씩 단어를 써보세요.

about

빈칸에 단어를 쓰고 문장을 다섯 번 소리내어 읽어 보세요.

1 I like books ________ trains.

2 I like books ________ animals.

아래 단어들을 올바르게 나열하며 문장을 만들어보세요.

I/ trains./ like/ books/ about

단어를 익혀요 about ~에 대하여 • train(s) 기차(들) • when ~할 때 • happy 행복한 • smile 웃다, 미소 짓다 • cry 울다

when

알맞은 말을 골라 동그라미 하세요.

when   hwen

단어를 따라 써보세요.

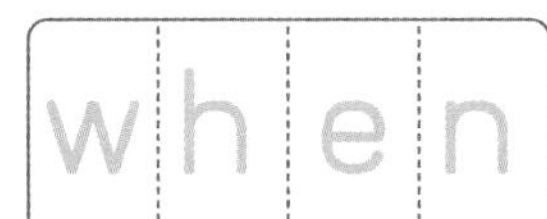

세 번씩 단어를 써보세요.

when

빈칸에 단어를 쓰고 문장을 다섯 번 소리내어 읽어 보세요.

1 ______ I am happy, I smile.

2 ______ I am sad, I cry.

아래 단어들을 올바르게 나열하며 문장을 만들어보세요.

I smile. / When / I am happy,

When I am happy, I smile.

문장 해석 I like books about trains. 나는 기차에 대한 책들을 좋아해요. • I like books about animals. 나는 동물에 대한 책들을 좋아해요. • When I am happy, I smile. 나는 행복할 때 웃어요. • When I am sad, I cry. 나는 슬플 때 울어요.

hungry

알맞은 말을 골라 동그라미 하세요.

단어를 따라 써보세요.

h u n g r y

세 번씩 단어를 써보세요.

hungry

빈칸에 단어를 쓰고 문장을 다섯 번 소리내어 읽어 보세요.

1 I am ______________ .

2 We are ______________ .

아래 단어들을 올바르게 나열하며 문장을 만들어보세요.

hungry./ I/ am

정답 I am hungry.

단어를 익혀요 **hungry** 배고픈 • **everything** 모두, 뭐든 • **eat** 먹다

everything

알맞은 말을 골라 동그라미 하세요.

단어를 따라 써보세요.

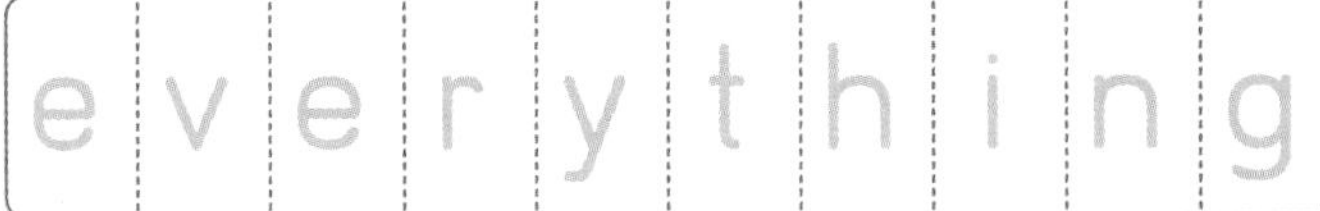

세 번씩 단어를 써보세요.

everything

빈칸에 단어를 쓰고 문장을 다섯 번 소리내어 읽어 보세요.

1 I eat ______________ .

2 We eat ______________ .

아래 단어들을 올바르게 나열하며 문장을 만들어보세요.

everything./ eat/ I

정답 I eat everything.

문장 해석 I am hungry. 나는 배가 고파요. • We are hungry. 우리는 배가 고파요. • I eat everything. 나는 뭐든 다 먹어요. • We eat everything. 우리는 뭐든 다 먹어요.

some

알맞은 말을 골라 동그라미 하세요.

som

some

단어를 따라 써보세요.

some some

세 번씩 단어를 써보세요.

some

빈칸에 단어를 쓰고 문장을 다섯 번 소리내어 읽어 보세요.

1 I want ________ ice cream.

2 I want ________ chicken.

아래 단어들을 올바르게 나열하며 문장을 만들어보세요.

I/ ice cream./ want/ some

| I want some ice cream.

단어를 익혀요 some 조금, 어떤 • want 원하다 • ice cream 아이스크림 • chicken 닭고기 • know 알다 • answer 정답 • not ~ 아닌(부정의 의미)

know

알맞은 말을 골라 동그라미 하세요.

단어를 따라 써보세요.

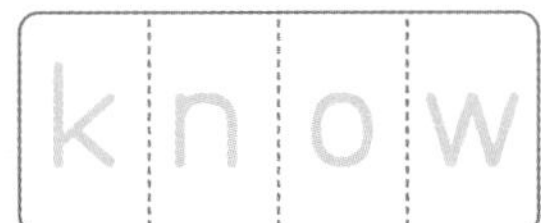

세 번씩 단어를 써보세요.

know

빈칸에 단어를 쓰고 문장을 다섯 번 소리내어 읽어 보세요.

1 I ________ the answer.

2 I do not ________ the answer.

아래 단어들을 올바르게 나열하며 문장을 만들어보세요.

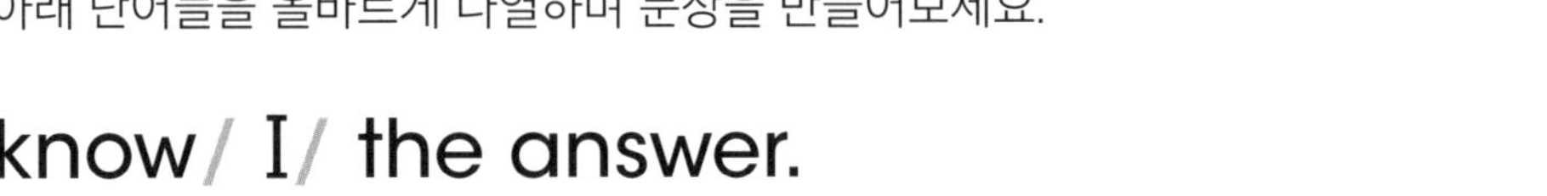

정답 I know the answer.

문장 해석 I want some ice cream. 나는 아이스크림을 조금 먹고 싶어요. • I want some chicken. 나는 닭고기를 조금 먹고 싶어요. • I know the answer. 나는 정답을 알아요. • I do not know the answer. 나는 정답을 알지 못해요.

What is your favorite food?

I like fish.
How about you?

문장 해석 ❶ What is your favorite food? 네가 좋아하는 음식은 뭐야? ❷ I like fish. 나는 물고기를 좋아해. How about you? 너는?
❸ I like bamboo leaves. 나는 대나무 잎을 좋아해.
❹ When I am hungry, I eat everything. 배고플 때는, 나는 뭐든지 다 먹어.

3

I like bamboo leaves.

4

When I am hungry, I eat everything.

Write the Story

1

NO, thank you.
Do you want some?

memo